부동산산업 윤리 시리즈 **4**

부동산
자산관리의
윤리

건국대학교 부동산·도시연구원
케빈정/알에이케이 투자윤리연구센터

박영사

'부동산산업 윤리 시리즈'의 발간을 세상에 알립니다.

2016년 '부동산 산업의 윤리'를 세상에 내놓은 이래 2020년에는 '부동산산업 윤리 시리즈'를 발간합니다. 5년 전 부동산산업 윤리라는 용어 자체도 생소했던 환경에서 그 의미의 중요성을 인식시키고, 연구와 교육을 위해 케빈정/알에이케이 투자윤리연구센터를 설립했습니다. 시작과 진행을 함께 하며 지켜봐 왔던 입장에서 부동산산업 윤리 전문서적 시리즈의 발간은 감개무량합니다.

부동산산업 윤리의 제고를 위한 새로운 길을 제시합니다.

부동산·도시연구원은 건국대학교의 교책연구소입니다. 산하기관인 케빈정/알에이케이 투자윤리연구센터는 2015년 RAK 케빈정 회장의 제안과 기부로 부동산산업의 투명성, 신뢰성, 윤리성의 제고를 목표로 설립되었습니다. 국토교통부가 후원하고 한국부동산분석학회가 주관한 2016년 제1회 부동산산업의 날 행사에서 부동산산업 윤리헌장을 공포하는 등 윤리와 관련한 세미나와 서적발간 등 부동산산업 윤리의 제고를 위한 새로운 방향을 꾸준히 제시해 왔습니다.

부동산산업 윤리의 전문성을 강화하고 있습니다.

케빈정/알에이케이 투자윤리연구센터는 우리 사회에 부동산산업 윤리의 중요성을 인식시키고 논의를 한 단계씩 상향시켜온 점이 성과라고 자부합니다. 부동산개발업, 부동산금융업, 부동산자산관리업, 부동산감정평가업 등 부동산산업을 대표하는 전문분야를 현직 부동산학과 교수를 중심으로 집필진을 구성하고 상당 기간의 노력으로 일궈낸 4권의 책인 '부동산산업 윤리 시리즈'의 출간은 전문성 강화 측면에서 각별합니다. 집필진이신 백민석, 강민석, 남영우, 윤동건, 김재환 교수께 감사 인사를 드립니다.

부동산산업 윤리의 내재화와 내실화를 꾀해 왔습니다.

건국대학교 부동산과학원은 부동산산업 윤리 교과목을 개설하고 각종 윤리 세미나를 진행해 왔습니다. 이제 윤리 교과목은 부동산학에서 기본이고 원칙인 과목으로 자리매김하고 있습니다. '부동산산업 윤리 시리즈'의 출간은 부동산 윤리교육의 내재화와 내실화라는 큰 흐름에 이바지하리라 판단합니다.

고마움을 전합니다.

부동산산업 윤리라는 척박한 분야에 새로운 씨를 뿌려주신 RAK 케빈정 회장께 감사 인사를 드립니다. 센터를 이끌고 부동산산업 윤리 시리즈를 기획하고 진행해 주신 유선종 교수께도 심심한 사의를 표합니다. 부동산산업의 윤리에 대해 고민하고 노력하고 계신 모든 분께 '부동산 산업윤리 시리즈'의 발간에 즈음하여 고맙다는 말씀을 드립니다.

2020. 11.
건국대학교 부동산·도시연구원장 이현석

축　사

　　코로나 19의 여파로 인해 여러모로 어려운 상황 속에서도 케빈정/알에이케이 투자윤리연구센터의 기획운영진을 비롯하여 부동산개발, 금융, 평가, 자산관리 등 각 분야별로 함께해주신 집필진 분들이 고민하고 연구하여 만들게 된 '부동산산업의 윤리' 시리즈의 두 번째 출간을 진심으로 축하합니다.

　　2001년 한국에 리츠 제도가 도입된 이후, 지난 20년간 한국의 부동산산업, 특히 부동산 투자 업계는 양적으로나 질적으로 엄청난 변화와 발전을 이루어 왔고, 최근 몇 년 동안 한국 기관투자자들의 해외 부동산 투자 역시 유럽, 미국, 아시아 등으로 진출하고 있으며 이러한 트렌드는 앞으로도 지속적으로 확대될 것으로 예상됩니다. 이러한 트렌드에 맞춰서 한국의 부동산 투자산업의 패러다임은 경제 개발 시기인 1970~80년대에 개인 혹은 사기업이 부(富)를 축적하기 위해 사용하던 수단에서 벗어나 궁극적으로 공공의 이익을 추구하는 기관화(Institutionalized)로 급속히 변화하고 있으며, 그 과정 속에서 시장 참여자, 특히 대리인의 도덕적 해이, 역선택, 무임승차 등 대리인의 이해상충(Agency Dilemma) 이슈가 대두되고 있습니다. 최근에는 공적 연기금 등의 취약하고 비전문적인 지배구조와 투자의사 결정 과정의 불투명성에 관한 관심도 높아지고 있습니다. 또한 국내외 자본시장의 상호의존성과 각 나라의 상이한 규제와 제도는 투자윤리에 맞물려 준법이슈가 세계로 진출하고 있는 부동산 투자 업계에 커다란 도전이 될 것입니다.

　　4차산업혁명이라 일컫는 첨단기술의 발전은 부동산산업을 매우 빠르게 변화시키고 있습니다. 이에 따라 부동산윤리에 관한 연구도 뒤처지지 않고 계속해서 발전해 나가야 하며, 끊임없는 노력이 필요한 상황입니다. 다양한 시장 참여자들과 부동산 학계의 산학 협력을 통해 적극적이고 체계적인 학문적 연구와 사례연구, 그리고 전문

직업윤리교육을 통해 풀어나가야 할 과제이자 도전이며, 이는 부동산산업 윤리의 발전을 위해 설립된 케빈정/알에이케이 투자윤리연구센터의 목적이기도 하며 사명이 기도 합니다.

한국 최고의 역사와 세계 최대규모를 가진 건국대학교 부동산과학원의 커리큘럼에 부동산산업 윤리과목이 정규과목으로 개설되어 운영되는 것도 매우 의미있는 것으로 생각합니다만, 5년 전 이러한 문제의식에 공감하여 건국대학교 부동산·도시연구원에 설립된 케빈정/알에이케이 투자윤리연구센터가 이번에 두 번째의 성과물로 부동산산업 윤리 시리즈를 발간하게 된 것은 우리 모두의 기대에 부응하는 커다란 진전이라고 생각합니다.

끝으로 금번 '부동산산업의 윤리' 발간에 있어 집필진으로 참여해 주신 교수님들과 책을 구성하는데 도움을 주신 기획운영진 및 대학원생 분들께 깊은 감사를 드립니다. 또한 부동산 윤리연구가 지속적으로 운영될 수 있도록 물심양면으로 수고해 주신 신종칠 부동산과학원장, 이현석 부동산·도시연구원장, 유선종 케빈정/알에이케이 투자윤리연구센터장, 신은정 케빈정/알에이케이 투자윤리연구센터 책임연구원을 비롯한 관계자 분들께 응원의 박수를 보내며 건승하시기를 간절히 기원합니다. 오늘의 두 번째 발간이 우리나라 부동산투자 윤리 발전의 역사에 커다란 진전으로 기억되기를 희망합니다.

2020. 11.
RAK 회장 케빈정

인사말

돌이켜 보면 우리 케빈정/알에이케이 투자윤리연구센터가 건국대학교 부동산
도시연구원 산하에 둥지를 튼 지도 벌써 5년이라는 시간이 흘렀습니다. 5년 동안의
노력과 시행착오의 결실이 이렇게 부동산산업 각 분야의 윤리서로 출간되는 것이
감개무량할 따름입니다.

케빈정/알에이케이 투자윤리연구센터(이하, "본 센터")는 RAK 회장인 케빈정
과 ㈜알에이케이자산운용의 기부를 받아 설립된 기관입니다. 본 센터는 기부자이신
케빈정 회장님과 건국대학교 부동산학과 교수님들의 뜻을 모아 대한민국 최초로 부
동산산업의 윤리에 대하여 연구하는 기관으로 출발하였습니다.

본 센터는 부동산 투자운용 전문가 및 부동산산업 종사자들의 직업윤리를 고취
할 수 있도록 건국대학교 부동산학과와 부동산대학원에서 '부동산산업 윤리' 강좌를
필수과목으로 진행하고 있으며, 부동산산업 윤리 연구를 지원함으로써 불모지와도
같던 부동산산업 윤리 분야에 기여하고 있습니다. 또한 부동산 투자와 경영 활동의
투명성을 제고하기 위한 학문적 노력의 초석을 닦아 나감으로써 투명하고 선진화된
부동산시장과 산업이 되도록 고민하고 있습니다.

이를 위하여 윤리투자와 사회책임투자로 연구의 영역을 확대하고, 기업의 재무
적 요소뿐만 아니라 ESG 요소, 즉 환경(Environmental), 사회(Social), 지배구조
(Governance) 등과 같이 기업의 지속가능성에 영향을 미치는 비재무적 요소도 고려
하는 부동산책임투자(Responsible Property Investment) 즉, 부동산투자에 사회책임
투자의 원칙을 적용한 행위규범인 부동산책임투자로 연구의 영역을 확대하고, 이들
에 대한 평가지표 중 하나인 사회적 투자수익률(SROI: Social Return On Investment)
에 대한 연구로 그 영역을 넓혀나갈 것입니다.

본 센터의 초대 센터장이신 조주현 교수님은 2016년 국토교통부에서 제정한 제1회 부동산산업의 날에 맞추어 '부동산산업의 윤리'를 발간한 바 있습니다. 금번에는 부동산산업의 여러 분야 중에서 부동산개발(백민석), 부동산금융(강민석, 남영우), 부동산자산관리(윤동건), 감정평가(김재환)에 대한 윤리서를 발간하게 되었습니다.

부동산산업 윤리 시리즈의 두 번째 발간을 계기 삼아 더욱 도약하고 부동산산업의 투명화, 선진화에 더욱 기여하는 케빈정/알에이케이 투자윤리연구센터가 되도록 노력하겠습니다. 이 책의 발간까지 물심양면 지원을 아끼지 않으신 케빈정 회장님과 ㈜알에이케이자산운용, 그리고 신종칠 부동산과학원장, 이현석 부동산·도시연구원장, 부동산학과의 모든 교수님들과 집필진들께 감사의 인사를 드립니다. 마지막으로 이 책의 시리즈가 나오기까지 오랫동안 고생하신 박영사의 노현 이사와 전채린 과장, 원고의 교열을 맡아 수고한 신은정 책임연구원, 강민영, 고성욱, 음세호 원생에게 감사를 전합니다.

2020.11

케빈정/알에이케이 투자윤리연구센터장 유선종

목　　차

PART 04
부동산관리 윤리의 개선방안

X

부동산관리의 개관

01

부동산관리의 의의

1) 부동산관리의 개념

부동산관리란 부동산을 그 목적에 맞게 가장 유효하게 이용하는 것을 목표로, 부동산 소유자 및 투자자를 위하여 부동산의 취득, 운영, 관리, 처분, 포트폴리오 운용 등의 활동을 통해 부동산의 효용을 개선하거나 가치를 증진시키는 일체의 행위를 말한다.

최근 도시화, 건축기술의 발전, 부재자(不在者) 소유의 증가 등으로 인하여 부동산관리의 필요성이 커지고 있다. 부동산을 물리적, 행정적, 경제적, 법적 등의 측면에서 사용, 수익, 처분을 목적으로 총체적으로 관리하기 위해서 경제·경영을 포함한 종합적인 운영관리가 필요하다.

건물주 입장에서는 임대수입의 증가 및 비용절감을 통해 부동산의 가치를 극대화하고, 입주자 입장에서는 효율적인 건물운영에 따른 만족도를 높이며, 건물의 물리적 관점에서 시설 관리를 통해 기존시설의 유지관리 및 자본적 지출을 총괄 기획하여 건물의 경쟁력 및 가치를 제고 및 유지토록 하는 부동산관리업무를 말한다.

부적절한 시설관리로 사용가치를 떨어뜨린 부동산이나 현재의 용도가 주변의 여건과 맞지 않는 등 부적절한 관리로 자산가치가 현저하게 훼손된 부동산을 전문적인 시설보완, 체계적 관리, 자본적 관리 등의 총괄 기획을 통하여

자산가치를 증진시키고 수익성을 높여 주는 데 목적을 두고 있다.

결과적으로, 부동산 자산관리 서비스란 부동산 소유자를 대신하여 수익형 부동산을 운영하는 부동산 경영서비스라 할 수 있다.

(1) 소극적 의미의 자산관리

기존의 시설운영 중심의 관리로서 각종시설의 유지와 운용을 위한 관리를 말하는 것으로서 전반적인 건물시설관리시스템을 의미한다. 부동산의 시설관리영역에 초점을 맞춘 하드웨어적 자산관리를 말한다.

(2) 적극적인 의미의 자산관리

부동산 유지, 운용하는 차원을 넘어 전체 자산의 운영, 총괄적인 포트폴리오를 포함한 적극적인 관리로서 전문적이고 종합적인 재무적 자산관리를 말한다. 재무적 수익의 극대화를 위한 전문적이고, 체계적인 소프트웨어적 자산관리를 의미한다.

2) 부동산관리의 구분

부동산관리는 부동산사업에 대한 이해를 바탕으로 사업이 처한 환경과 변화에 따라 어떻게 발전해 나아갈 것인가의 목표를 세워 추진해 나가는 것으로 시설관리(FM : facility management), 재산관리(PM : property management), 자산관리(AM : asset management)로 구분할 수 있다.

(1) 시설관리

부동산관리에서 가장 기본적이며 기술적인 분야로, 부동산 관련 시설물의 유지, 운용 및 보수를 중점적으로 진행하는 소극적 관리활동을 시설관리라고 부르기도 한다.[1] 시설관리는 시설물의 위생 및 보안관리, 설비의 유지 및 보수에 관한 관리를 그 대상으로 한다. 즉, 시설관리는 부동산을 물리적 대상물 관점에서 초점을 맞춰 부동산이 제공하는 기능을 향상시킴으로써 부동산의 유용성을 극대화하기 위한 활동을 의미한다.

(2) 재산관리

재산관리는 관리하는 개별부동산으로부터 발생하는 현금흐름을 증가시키며, 시장위험을 총괄적으로 통제하고, 중·장기적으로 그 부동산의 자산가치를 극대화하기 위한 관리활동이다. 주어진 부동산 공간의 운영업무의 관점에 맞춰보면, 일종의 운영관리라 할 수 있다. 종래의 부동산활동이나 이론은 이와 같은 운영관리를 중심으로 전개되었으며, 이를 복합개념으로 나눠볼 때 기술적 측면의 관리(유지관리)와 경제적 측면의 관리(경영관리), 법적 측면의 관리(보존관리)를 포함한다.[2]

(3) 자산관리

부동산을 경제적 가치를 지닌 자산의 일종으로 볼 경우 부동산 관리는 자산으로서의 가치 유지는 물론 가치 증진에도 목표를 두는 것이 합리적이다. 자산으로서의 가치는 장래의 부동산으로부터 발생할 이익을 현재가치로 할인하여 합산한 것으로, 부동산을 자산으로 본다는 것은 부동산이 지닌 유용성을 극대화하는 경제적인 측면을 중시하는 접근이다.

부동산의 가치는 그 부동산에서 발생하는 장래의 현금수지에 의해 결정되는 것으로 장래의 현금수지를 극대화하는 업무는 자산 가치를 극대화하려는 부동산관리자의 주된 업무가 될 것이다.

부동산 자산관리는 위험분산 차원에서 부동산의 매각, 개량, 개별부동산의 특성을 고려한 보유기간 산정, 레버리지 활용 등을 통하여 소유자의 가치극대

---

1 권호근 외, 「부동산관리윤리의 이론적 접근」, 『부동산학보』 제36집, 2009, p.103.
2 방경식·장희순, 『부동산학개론』, 범론사, 2002, pp. 557~560.

화를 추구하는 관리방법이다.[3]

■ [표 1-1] 부동산관리의 구분

구분	자산관리 (Asset management)	재산관리 (Property management)	시설관리 (Facilities management)
단계	• 부동산관리 기반의 종합서비스업적 성격	• 부동산관리의 중간적, 이행적 단계	• 부동산관리의 도입기 국내 일반적 빌딩관리
개념	• 부동산투자 전과정에서 전략적 의사결정을 통해 부동산 가치를 보전 · 증식하고 수익력 극대화 방안을 모색하는 적극적 관리	• 부동산 관리 · 보유와 관련하여 통상적으로 발생하는 서비스의 제공	• 시설사용자나 기업 내 타부문의 요구에 단순히 부응하는 정도의 소극적 관리
주요업무	• 시장 및 지역경제 분석 • 경제요인 및 수요분석 • 증 · 개축을 통한 경쟁력 제고방안 검토 • 임대전략, 임차인 유지 • 재무 · 법무 · 세무관리	• 경리보고(월간/연간) • 임대실행, 임차인관리 • 일상적인 건물운영, 관리 (시설물, 청소, 보안경비 등 협력사 관리)	• 건물의 물리적 관리 • 설비 · 설계의 운영 • 예방적 유지 · 보수 • 에너지 관리
주변업무	• 매입/매각 및 자금조달 • 자산평가 및 투자분석 • 포트폴리오관리, 분석 • 지분투자 검토 및 실행	• 증 · 개축, 내장 공사관리 • 건물주가 요구하는 기타 건물 관련 업무	• 시설 보수공사 실행 • 보안 및 방재 등
중점목표	• 투자자산의 포트폴리오 관점에서의 종합적 관리	• 수익성(임대 마케팅) • 비용 절감	• 안정성 • 단기생산성 향상

자료: 이창석, 『부동산관리론』, 신광문화사, 2010, p.34.

---

3 전용수 · 이창석, 『부동산자산관리론』, 형설출판사, 2004, pp. 12~13.

02
부동산관리업의 분류

 한국표준산업분류에 따르면 부동산업은 부동산 임대 및 공급업과 부동산 관련 서비스업 두 가지로 중분류된다.[4] 중분류 업종 중 부동산 임대 및 공급업은 다시 부동산 임대업과 부동산 개발 및 공급업으로 소분류되며, 나머지 업종인 부동산관련 시비스업은 부동산관리업과 부동산중개 및 감정평가업으로 소분류된다.

 부동산관련 서비스업의 세분류에 들어가면 부동산 관리업은 주거용과 비주거용 관리업으로 분류되고 있으며, 부동산중개 및 감정평가업은 부동산 자문 및 중개업과 부동산 감정평가업으로 분류된다.

 이 중 일정한 요건을 갖춘 사람들에게 국가가 전문직 자격증을 부여하는 업종으로는 「공인중개사법」에 의한 부동산중개업, 「감정평가 및 감정평가사에 관한 법률」에 의한 감정평가업, 「공동주택관리법」에 의한 주택관리업 등이 있다.

---

 4 통계청, 2017년 통계청 고시 「한국표준산업 분류 제10차 개정안」

■ [표 1-2] **표준산업분류상 부동산관리업**

중분류	소분류	세분류	세세분류
68 부동산업	681 부동산임대 및 공급업	6811 부동산 임대업	68111 주거용 건물 임대업
			68112 비주거용 건물임대업
			68119 기타 부동산 임대업
		6812 부동산개발 및 공급업	68121 주거용 개발 및 공급업
			68122 비주거용 건물개발 및 공급업
			68129 기타 부동산 개발 및 공급업
	682 부동산관련 서비스업	6821 부동산관리업	68211 주거용 부동산 관리업
			68212 비주거용 부동산 관리업
		6822 부동산중개 및 감정평가업	68221 부동산 자문 및 중개업
			68222 부동산 감정평가업

자료: 통계청, 2007년 통계청 고시 「한국표준산업 분류 제9차 개정안」

부동산관리업은 공동주택단지나 빌딩과 같이 규모가 크고 전문적인 조직과 지식을 필요로 하는 수수료 또는 계약에 의거 타인의 부동산시설을 유지 및 관리하는 산업활동을 의미한다.

국가직무능력표준(NCS: National Competency Standards)이란 산업현장에서 직무를 수행하기 위해 요구되는 지식·기술·소양 등의 내용을 국가가 산업부문별·수준별로 체계화한 것으로 산업현장의 직무를 성공적으로 수행하기 위해 필요한 능력(지식, 기술, 태도)을 국가적 차원에서 표준화한 것을 의미한다. 여기서 부동산관리란 조직의 원활한 업무수행을 위하여 부동산의 취득, 임차, 처분과 관련된 제반 업무를 수행하는 능력이다. 능력단위요소는 취득자산 관리하기(공과금, 보험, 임대수익관리), 임차관리하기(계약, 해약 관리), 자산 처분하기(매각절차와 방법)로 구분된다.

03
부동산관리업의 현황

1) 부동산관리업의 발전과정

우리나라에서 부동산관리는 1989년 주택관리사제도의 도입이 효시라 할 수 있을 것이다. 반면 상업용부동산관리는 1997년 IMF외환위기 이후부터 시작되었다고 볼 수 있을 것이다. 왜냐하면 IMF외환위기 이전에는 일부 대기업들이 계열기업들의 부동산을 관리하기 위하여 부동산자산관리회사를 설립하기 시작했으며, 영세 시설관리회사가 청소, 경비 등의 단순관리업무를 수행하고 있는 수준이었다.

또한, 1997년 IMF외환위기를 계기로 금융 대변혁이 있었으며, 특히 주택은행이 2000년 시중은행으로 변하면서 주택금융의 벽이 무너지게 되었다. 그리고, 부동산 소유주의 관리업에 대한 인식부족과 전문인력의 부족으로 초기 수준 단계에 머물러 있는 우리 기업들에 비하여, IMF 이후 외국계 펀드자금들이 국내기업들이 IMF의 고금리 처방으로 구조조정을 당하면서 내놓은 부동산, 특히 테헤란로, 여의도 지역의 대형빌딩을 막대한 자금력으로 헐값에 매입한 후, 3~4년 후에 매각하여 막대한 매각차익을 누렸다. 그 당시 국내에는 외국계 자금들이 매입한 부동산을 효율적으로 관리해 줄 만한 부동산관리회사가 존재하지 않아서, 외국계 부동산관리회사들인 CB Richard Ellis, JLL, Cushman & Wakefield 등이 국내에 진입하게 되었다.

2002년에는 미국의 CPM, CCIM 교육이 국내에 도입되면서부터 상업용 부동산에 대한 관리가 체계적으로 시작되었다. 또한 기업대출의 하락을 커버하기 위해서 전 은행들이 주택담보대출에 심혈을 기울였으며, 이에 더하여 저금리와 풍부한 유동성 및 소득의 증대로 주택담보대출이 급격하게 늘어나게 되면서 주택가격이 급등하였다.[5] 이와 함께 자산유동화, REITs 및 부동산펀드의 시행 등으로 간접투자의 시대로 변하면서, 부동산의 투자패턴에도 변화가 일어났다. 서브원, 교보리얼코 등의 국내 부동산관리회사도 선진적인 부동산관리시스템을 도입하여, 외국계 부동산관리회사와 경쟁을 하기 시작하였다. 또한 대형빌딩에 이어 중소형빌딩으로 부동산관리시장이 확대되면서, 글로벌 PMC 등 국내 중소형 부동산관리회사가 부동산관리 서비스를 시작하였다. 결과적으로, 과거 자산가치 상승시대의 매입과 매각차이에 의한 자본소득 중심에서 효율적이고 전문적인 부동산 관리를 통한 운영소득(operating income)을 중요시 하는 형태로 변하게 되었다.

2) 부동산관리시장의 현황

1998년 부동산 시장의 완전개방에 따라 해외 다국적 종합부동산회사들이 속속 국내에 진출하고 이들과 함께 국내에 진출한 전문 부동산자산관리회사들이 국내 부동산관리시장에 큰 영향을 미치기 시작하였다.[6] 해외 전문 부동산자산관리회사들은 사업규모나 서비스 면에서 기존과는 다른 높은 기술력, 자금력 등을 가지고 오피스빌딩 관리시장을 주도하게 되었다. 이들은 부동산종합서비스를 통하여 차별화된 자산관리 서비스를 제공하고 더 나아가 해당관리자산에 대한 금융컨설팅서비스까지 종합적인 부동산 서비스를 제공하므로, 국내 대형 오피스빌

---

5   김재운, 「부동산자산관리사의 국가자격 제도화에 관한 연구」, 『토지공법연구』 제63집, 2013, p. 147.
6   고기연, 「국내 부동산 자산관리회사의 성장전략에 관한 연구」, 석사학위논문, 인하대학교, 2010, p. 46.

딩 자산관리 시장을 주도하게 되었다. 외국계 부동산관리회사의 진출에 따라 국내에서 수행되지 않았던 다양한 관리기법과 서비스들이 선을 보이게 되었으며, 특히 월간 재무보고서나 시장조사보고서 등의 다양한 보고서를 정기적 제공하므로 건물소유주에게 커다란 매력과 서비스 의뢰 동기를 갖게 하였다.[7]

한편 국내 대형업체 및 전문 관리업체들을 중심으로 자구적인 경쟁력 강화와 체질개선을 위한 노력이 지속적으로 이루어지고 있다. 이들 대형업체들은 경영ISO인증 취득, 컨설팅 수행 관리시스템 도입 등을 통해 관리부문을 전문화 및 선진화하는 데 최선을 다하고 있는 상황이다. 나아가 부동산 전문인력 채용 및 지분매각 등의 방법을 통해 외국 부동산회사들과의 본격적인 경쟁을 벌이고 있다.[8] 계속적인 외국 자본의 유입과 부동산 간접투자시장의 확대로 인하여 국내 부동산자산 관리시장 규모가 크게 성장하고 있다.

■ [표 1-3] **국내 부동산관리업 매출액 현황**

구분		2016년도	2017년도
주거용 부동산 관리업	사업체 수(개)	21,270	22,227
	종사자 수(명)	158,060	160,740
	매출액	9.9조	11.3조
	영업비용	9.5조	10.8조
	인건비	3.6조	4.2조
비주거용 부동산 관리업	사업체수(개)	11,541	11,739
	종사자수(명)	91,946	89,808
	매출액	12.0조	13.2조
	영업비용	11.0조	12.3조
	인건비	1.9조	2.0조

자료: 통계청, 시도/산업/매출액규모별 현황

---

7 장무창 외, 「부동산자산관리시장의 패러다임 변화와 발전을 위한 과제―오피스빌딩을 중심으로」, 『부동산학연구』 제12호, 2006, p. 112.
8 경응수, 「자산관리업에 대한 REITs 도입의 영향」, 『감정평가논집』 제11집, 2001, p. 21.

전문 부동산자산관리에 대한 필요성 또한 증가하고 있다. 특히 기업이나 금융기관이 자체 소유건물의 운영을 부동산관리 회사에 맡기는 경우도 늘고 있으며, 회사 내에 부동산 관리팀을 유지하기보다는 건물관리를 부동산관리회사에 위탁해 인건비, 관리비 등의 비용을 줄이고 있어 전문 부동산관리회사의 업무 영역이 단순히 빌딩 관리에서 전국 각지의 부동산 및 공장관리 등으로 점점 확대되고 있다. 그동안 투자대상으로 가장 인기가 높았던 오피스빌딩 시장이 공급부족과 펀드 간 경쟁이 심화되면서 가격이 상승되어 수익률이 좋은 물건을 찾기가 갈수록 어려워지고 있는 것이 현실이다. 이에 따라 부동산 투자상품이나 대상이 점점 다양화되고 있으며 더불어 부동산관리 분야도 더욱 세분화되고 전문화될 것이다.

외환위기 이후 국내 부동산 자산관리업계에서 강자로 군림하고 있는 CB Richard Ellis, JLL, Cushman & Wakefield의 외국계 부동산관리회사들이 최근 들어 순수 국내업체들의 거센 도전을 받고 있다. 특히 일부 국내업체들은 외국기업과의 업무제휴를 통하여 선진기법의 습득은 물론 경쟁력 확보에 힘을 쏟고 있다. 비교적 규모가 크고 경쟁력 있는 순수 국내파인 메이트플러스, 신영에셋, 교보리얼코, 서브원 등 일부 국내 자산관리회사들도 급속히 성장하고 있는 상황이다.

그러나, 국내 회사들의 최대 고객은 대부분 모기업 계열회사의 부동산을 관리하는 형태의 업무형식을 가지고 있지만, 모회사의 지원 없이 투자자의 빌딩을 전문으로 관리하는 PM사들의 규모도 점차 커지고 있다. 이러한 기업의 자산들은 자산운용사와 리츠사 소유의 오피스와 물류 및 유통센터, 호텔, 창고 등 다양하게 확대되고 있다.

회사	매출액	창업	주요사업	주요관리
CBRE Korea	477억	1999년	자산관리, 투자자문, 임대대행, 컨설팅, 가치평가/자문, 프로젝트 매니지먼트, 리테일, 산업용물류, 글로벌리서치&컨설팅, 해외법인	미국계 자산관리 회사
Savills Korea	468	1994년	부동산 투자자문, 컨설팅, 자산관리, 임대마케팅, 리테일	영국계 자산관리 회사
서브원	5조 6,610억	2002년 (FM: 2010년)	자산관리, 임대차, 리서치, 투자자문, 컨설팅, 리모델링, 빌딩경영/안전관리, 리조트 소유&운영	LG/GS그룹 보유 부동산 외
한화63 시티 리얼티	1,653억	1986년	사산관리, 임대차, 건축사업, 투자자문, 시설관리, 엔지니어링, 환경에너지	한화그룹 /한화생명 보유 부동산 외
교보 리얼코	1,310억	1979년	자산관리, 임대차, 투자자문, 매매대행, 건축CM, 인테리어	교보생명 보유 부동산 외
메이트 플러스	638억	2001년	자산관리, 임대차, 매입매각, 투자자문, 리테일, 자산실사, 에너지진단, 온실가스 목표관리제, 부동산 개발 운용, 호텔&리조트 자문	삼성자산운용 /삼성생명 보유 부동산
젠스타	517억	2012년	PM, FM, 임대차, 리서치&투자자문, 매입매각대행, 자산실사, 공사관리	삼성생명 보유 부동산 외

자료: 윤지석, 「부동산의 효율적인 관리방안에 관한 연구」, 동의대학교 석사학위논문, 2014, p.33 재정리

　　외국계 자산관리 회사는 국내외 자산관리 및 시설관리 회사를 꾸준히 M&A하면서 관리 규모와 기업 규모를 키웠다. 외국계 투자자인 GIC의 경우 강남 GFC와 도심 SFC를 소유하고 있으며, 강남은 CBRE, 도심은 Savills가 각각 PM업무를 수행하고 있다. 외국계 자산관리 회사에 대한 선호 이유로는 임차인 마케팅 측면에서 다국적 기업유치에 대한 요구가 크기 때문이다. 특히 대형오피스빌딩의 경우 글로벌 임차인의 입주는 빌딩의 미래가치 상승과 매각

시 발생할 양도차익에 중요한 요인이 되기 때문이다. 또한 외국계 회사의 경우 임차기간이 5~10년으로 장기계약을 하는 특징이 있고, 임차인의 건물에 대한 시설 및 전기, 통신 등 투자도 하는 것이 보편적이다.

학습내용정리 Summary

01   부동산자산관리란 부동산을 그 목적에 맞게 가장 유효하게 이용하는 것을 목표로, 부동산 소유자 및 투자자를 위하여 부동산의 취득, 운영, 관리, 처분, 포트폴리오 운용 등의 활동을 통해 부동산의 효용을 개선하거나 가치를 증진시키는 일체의 행위를 말한다.

02   부동산관리는 시설관리(facility management), 재산관리(property management), 자산관리(asset management)로 구분할 수 있다.

03   우리나라에서 부동산관리는 1989년 주택관리사제도의 도입이 효시라 할 수 있으며, 상업용부동산관리는 1997년 IMF외환위기 이후부터 시작되었다고 볼 수 있다. 2002년에는 미국의 CPM, CCIM 교육이 국내에 도입되면서부터 상업용부동산에 대한 관리가 체계적으로 시작되었다. 또한 대형빌딩에 이어 중소형빌딩으로 부동산 관리시장이 확대되면서, 글로벌PMC 등 국내 중소형 부동산관리회사가 부동산관리 서비스를 시작하였다. 결과적으로, 과거 자산가치 상승의 시대의 매입과 매각차이에 의한 자본소득을 중심에서 효율적이고 전문적인 부동산 관리를 통한 운영소득 (operating income)을 중요시 하는 형태로 변하게 되었다.

예시문제 Exercise

01   부동산자산관리의 개념을 설명하되, 시설관리, 재산관리, 자산관리 측면에서 설명하
      시오.

02   한국표준산업분류상 부동산관리업의 위치와 내용에 대해서 설명하시오.

03   우리나라의 부동산관리업의 발전과정을 1990년대부터 현재까지 연대별 부동산시장
      상황을 감안하여 설명하시오.

부동산관리와 윤리

01
부동산관리 윤리의 의의

　부동산관리윤리는 일반적인 윤리의 개념이라는 큰 테두리에서 정의될 수 있는데 부동산관리는 개인에 의해 수행될 수도 있고, 회사라는 조직에 의해서도 수행될 수 있다. 부동산관리윤리라는 것은 부동산관리활동을 수행하는 부동산관리자 또는 부동산관리회사가 정당하고 공정하며, 정의롭게 부동산관리활동을 수행하도록 인도해 주는 지침 혹은 준칙이다. 나아가 부동산관리활동이 계속하여 이루어지기 위해서 마땅히 행하거나 준수해야 할 도리 또는 규범이라고 할 수 있다.

　부동산관리활동에서의 의사결정이나 행동이 경제원칙에만 따르지 않고 윤리적인 판별기준에 따라 이루어지고, 법규를 지키는 수준 이상으로 공정하고 정당하며, 사회의 가치기준에 부합하면, 그러한 부동산관리는 관리윤리를 지키고 있다고 할 수 있다.

1) 법률적 측면의 윤리

　부동산관리자는 부동산 소유자가 직접 고용되는 경우와 관리회사에 소속되는 경우로 구분할 수 있다. 후자의 경우, 회사는 소유자의 대리인으로, 관리자는 관리회사를 대표한다.[9] 부동산 소유자나 관리회사는 고용인으로서 피고용인이 업무의 성과에 상응하는 공정한 보상의 의무를 준수하여야 하며, 피고

9　이창석, 『부동산관리론』, 신광문화사, 2010, p.157.

용인인 부동산관리자는 고용인을 대리하여 부동산관리업무와 관련된 법률적 관리에 있어서 고용인에게 피해가 가지 않도록 최선을 다할 의무를 가진다.

2) 경제적 측면의 윤리

부동산의 마케팅 측면에서의 윤리는 윤리적인 임대료 관리와 광고 관리로 나눌 수 있다.[10] 윤리적 임대료 책정은 어떤 재화와 용역의 소비로 얻는 혜택의 크기에 비례해야 한다는 비례원칙과 동일한 품질의 재화나 용역을 동일한 가격으로 부과해야 한다는 공정원칙[11]에 입각하여 임대료 결정, 상승 등을 진행하는 것이다. 윤리적 광고관리는 대부분 광고내용과 관련된 문제들의 관리이며, 이는 광고내용이 허위이거나 구매 강요 및 이를 유도하는 광고, 과장된 내용의 광고 등의 관리이다.

3) 기술적 측면의 윤리

부동산의 기술적인 측면의 관리는 이를 이용하는 사람들의 생명과 직결되는 경우가 대부분이기 때문에 부동산 관리자는 부동산의 시설물을 최적의 상태로 유지하기 위해 건물의 결합이나, 하자에 대해 항상 주의를 기울이고, 이를 철저히 관리하여야 한다. 부동산의 기술적 측면의 관리는 시설물의 시설관리, 건축설비관리, 환경관리, 안전관리 등을 포함한다. 시설물의 기술적 관리는 관련법규에 맞게 관리되어야 하고, 이를 위해 부동산관리자는 각각의 업무담당자에게 해당관리업무의 중요성과 윤리강령에 대해 교육시킬 의무가 있다.

---

10 이창석, 『부동산윤리』, 형설출판사, 2010, pp.208~209.
11 윤대혁, 『글로벌시대의 윤리경영』, 무역경영사, 2005, p.342.

02
국내외 부동산관리업 윤리

1) 한국

(1) 부동산관리 관련 법률

우리나라 법률상 건축물에 대한 유지관리 기준을 규정하고 있는 법령은 「건축법」, 「공동주택관리법」, 「시설물 안전관리에 관한 특별법」 3가지 법령에 근거하고 있다.[12]

첫째, 「건축법」에서 유지관리 관계조항은 「건축법」 제35조(건축물의 유지·관리)와 제35조의2(주택의 유지·관리 지원), 제110조(벌칙)이다. 제35조에서는 유지관리 주체 및 대상, 유지관리 정기점검, 기준 및 절차 등을 규정하고 있고, 제35조의2는 건축물의 점검 및 개량·보수에 대한 기술지원, 정보제공, 융자 및 보조 등을 규정하고 있으며 제110조는 이에 대한 벌칙사항이 명시되어 있다.

둘째, 「공동주택관리법」은 제5조(공동주택 관리방법)를 비롯해 공동주택 관리 관련 조항이 있으며, 여기서는 공동주택 관리주체, 장기수선충당금, 주택전문관리, 주택관리업의 등록, 주택관리사의 자격 등을 규정하고 있다.

셋째, 「시설물 안전관리에 관한 특별법」에서는 시설물의 안전 및 유지관리 계획수립, 안전점검 및 정밀안전진단, 안전조치, 시설물의 유지관리

---

12 한국건설기술연구원, 「건축물 유지관리 제도개선 연구」, 국토해양부, 2012, p.16.

방법, 한국시설안전공단 등에 대한 내용을 규정하고 있다.

■ [표 2-1] 건축물 유지관리 관련법령의 주요 법조항 정리

구 분	건축법	공동주택관리법	시설물 안전 관리에 관한 특별법
법조항	• 제35조(건축물의 유지관리) • 제110조(벌칙)	• 제5조(공동주택관리방법) • 제9조(공동주택관리기구) • 제18조(관리규약) • 제23조(관리비 등의 납부 및 공개 등) • 제29조(장기수선계획) • 제30조(장기수선충당금 적립) • 제32조(안전관리 계획 및 교육) • 제33조(안전점검) • 제34조(소규모 공동주택 안전관리) • 제63조(관리주체의 업무 등) • 제67조(주택관리사등의 자격) • 제102조(과태료)	• 제13조(안전점검 및 정밀 안전진단지침) • 제15조(안전점검 또는 정밀 안전진단 실시결과의 이행) • 제18조(시설물의 유지관리의 방법) • 제25조 내지 제30조 (한국시설안전공단) • 제39조 내지 40조(벌칙) • 제44조(과태료)

자료: 한국건설기술연구원, 「건축물 유지관리 제도개선 연구」, 국토해양부, 2012 재정리.

위 각 법령의 유지관리에 대한 주요 세부내용은 [표 2 - 2]와 같이 정리할 수 있다.

■ [표 2-2] 부동산 유지관리 관련 법령 세부 내용

구 분	건축법	공동주택관리법	시설물 안전 관리에 관한 특별법
관리대상	• 건축허가 대상 • 점검대상 건축물	• 공동주택 • 의무관리대상 공동주택 • 장기수선계획 수립 대상 공동주택	• 1종 시설물: 21층, 5만 ㎡ 대형 이상 건축물 등 • 2종 시설물: 16층 이상 공동주택
관리주체	• 소유자 또는 관리자	• 과반수 입주 전: 사업주체 • 과반수 입주 후: 자치관리, 주택관리업자	• 소유자 또는 관리자

점검주기	• 정기점검: 사용승인
	• 10년 경과 후 2년에
	  1회씩으로 개정 예정
	• 수시점검
		• 안전점검: 반기에 1회	• 정기점검: 반기에 1회
			• 긴급점검: 필요시
			• 정밀점검 및 정밀안전
			  진단: 안전등급에 따라
			  1~4년에 1회 이상

주요내용	• 대지
	• 높이 및 형태
	• 구조안전
	• 화재안전
	• 건축설비
	• 에너지 관리 등
		• 안전관리 계획 수립 및 시행
		  (방범, 소방, 시설물 안전)
		• 안전점검: 시특법 준용
		• 장기수선계획 및 실행
			• 시설물의 안전 및 유지
			  관리 기본계획 수립
			• 안전점검(정기점검, 정밀
			  점검, 긴급점검)
			• 정밀안전점검

자료: 한국건설기술연구원, 「건축물 유지관리 제도개선 연구」, 국토해양부, 2012.

(2) 부동산관리 관련 단체

부동산관리를 위한 협회는 공동주택(아파트)의 공용부분과 입주자 공동소유인 부대복리시설의 유지 · 보수와 안전관리를 위한 대한주택관리사협회를 제외하고, 비주거 및 상업용 부동산관리를 위한 한국CPM협회(한국부동산자산관리전문가협회), (재)한국빌딩 경영관리사협회 등의 협회는 존재하나, 그 활동은 매우 미미한 상태이다.

주택관리사 배치근거는 다음과 같다.

• 주택관리업자입주자대표회의(자치관리에 한함) 또는 임대사업자(『민간임대주택에 관한 특별법』 제2조 제4호의 규정에 의한 "임대 사업자"를 말함)는 공동주택의 관리사무소장으로 주택관리사 또는 주택관리사보를 배치하여야 한다.
  - 500세대 미만의 공동주택: 주택관리사 또는 주택관리사보
  - 500세대 이상의 공동주택: 주택관리사(근거 규정: 공동주택관리법 제64조 제1항 및 동 시행령 제69조)
• 공동주택관리법 제2조 제1항 및 동 시행령 제2조에 의거 주택관리업자 등에 의한 의무관리대상 공동주택에 배치해야 한다.

- 300세대 이상의 공동주택
- 150세대 이상으로서 승강기가 설치되어 있거나, 중앙집중식 난방방식 (지역난방방식을 포함)의 공동주택
- 「건축법」 제11조에 따른 건축허가를 받아 주택 외의 시설과 주택을 동일건축물로 건축한 건축물로서 주택이 150세대 이상인 건축물

(3) 부동산관리 자격제도

우리나라에는 「공동주택관리법 시행령」에 의거하여 공동주택의 유지보수와 안전관리를 위한 업무를 담당하는 주택관리사만을 국가공인 자격제도로 도입하여 시행하고 있으나, 그 외 비주거 및 상업용 부동산관리를 위한 국가공인 자격제도는 없는 상태이다.

■ [표 2-3] **주택관리사보의 자격시험과목**

시 험 구 분	시 험 과 목		
제 1차 시험	1. 민법	2. 회계원리	3. 공동주택시설개론
제 2차 시험	1. 주택관리 관계법규	2. 공동주택관리실무	

주택관리사보의 2차 주택관리관계법규는 「주택법」, 「공동주택관리법」, 「민간임대주택에 관한 특별법」, 「공공주택 특별법」을 기본으로 하여 다음 법규를 시험범위로 한다.
- 「건축법」
- 「소방기본법」, 「화재예방, 소방시설설치유지 및 안전관리에 관한 법률」
- 「승강기시설 안전관리법」
- 「전기사업법」
- 「시설물의 안전 및 유지관리에 관한 특별법」
- 「도시 및 주거환경정비법」
- 「도시재정비 촉진을 위한 특별법」
- 「집합건물의 소유 및 관리에 관한 법률」 중 주택관리에 관련되는 규정

주택관리사보의 2차 공동주택관리실무는 공동주거관리이론, 공동주택회계관리, 입주자관리, 대외업무, 사무 · 인사관리 그리고 시설관리, 환경관리, 안전 · 방재관리 및 리모델링, 공동주택 하자관리(보수공사 포함)를 시험범위로 한다.

국내에서 비주거 및 상업용 부동산 관리를 위한 자격제도로 미국의 공인자산관리사(CPM)제도를 도입하여 공인자산관리사를 시행하고는 있으나 이는 미국의 부동산관리협회(IREM)가 주는 자격증으로 국내 자격기준법에 의해 공인된 자격으로 인정되지는 못한다.

또한 그 외에 빌딩경영사((재)한국빌딩경영관리협회), 빌딩경영관리사((재)한국산업연구원) 등의 자격제도를 시행 중이나, 국가 공인이 아닌 민간 교육기관에서 진행하는 자격제도로 부동산 관리전문자격 시험으로 인정하는 것은 다소 무리가 있다고 판단된다.

[표 2-4] **업무용 부동산관리 관련 자격종류**

자격명칭	CPM	빌딩경영사	빌딩경영관리사
자격 관리자	IREM 한국지부	(재)한국빌딩 경영관리협회	(재)한국산업연구원
시험과목	• 윤리시험 • CPM인증시험(재무관리, 인적자원관리, 위험관리, 마케팅, 임대, 유지관리 등) • 자산관리계획서	• 빌딩경영론 • 경영학 • 회계학 • 빌딩관계법규 • 빌딩관리일반	• 빌딩관리개론 • 빌딩행정관리론 • 빌딩관계법규 • 빌딩경영위험관리론 • 빌딩경영관리실무
자격취득 절차	'한국CPM협회'의 CPM 교육수료 및 시험합격 후 부동산관리 경력3년 이상 시 자격취득	객관식시험 합격 시 자격 취득	객관식시험 합격 시 자격 취득

자격취득 현황	• 2002년부터 교육 및 시험 실시 • 2010년까지 자격취득자 약2,500명	• 2001년부터 연 3~4회 시험 실시	• 2000년부터 연2회 시험 실시
비고	• 미국 IREM이 수여하는 민간 자격	• 민간자격 • 자격기본법상 국가공인 미취득	• 민간자격 • 자격기본법상 국가공인 미취득

(4) 부동산 관리업의 윤리 규정

주택관리사의 경우, 대한주택관리사협회에서 주택관리사의 윤리강령을 제정하고 있으며, 이에 따른 주택관리사의 윤리교육을 「공동주택관리법」 제70조(주택관리업자 등의 교육) 제3항[13]에 의거하여 정기적으로 윤리교육을 이수해야 한다.

■ [표 2-5] 대한주택관리사협회 윤리강령

- 우리는 주택관리사로서 품위유지와 청렴결백을 생활화한다.
- 우리는 공동주택관리 책임자로서 맡은바 직무에 책임의식과 투철한 사명감을 가지고 최선을 다한다.
- 우리는 전문직업인으로서 긍지와 보람을 가지고 자기계발과 제도정착을 위해 부단히 노력한다.
- 우리는 협회의 회원으로서 공익을 존중하며 인화와 봉사 그리고 책임감을 가지고 협회의 발전을 위하여 적극 협조한다.

현재 국내 비주거 및 상업용 부동산관리를 위해 공인되고, 영향력 갖춘 협회나 공인된 자격제도가 거의 없기 때문에, 이 분야에 대한 부동산관리업에

---

13 공동주택의 관리사무소장으로 배치받아 근무 중인 주택관리사등은 제1항 또는 제2항에 따른 교육을 받은 후 3년마다 국토교통부령으로 정하는 바에 따라 공동주택관리에 관한 교육과 윤리교육을 받아야 한다(공동주택관리법 제70조 제3항).

대한 윤리강령은 개별업체의 윤리강령 수준에 머무르는 수준이며, 해당분야 종사자를 위한 정기적 교육은 거의 부재한 상태이다.

■■ [표 2-6] 한국CPM협회 윤리강령

IREM 회원 서약

저는 IREM 회원 간의 상호 노력과 제가 이용할 수 있는 기타 적절한 방법을 통하여 전문 부동산 관리의 발전에 이바지 할 것을 맹세합니다.

저는 IREM의 최상 목표와 동일하게 가장 도덕적이고 윤리적인 기준을 지킬 것을 서약합니다.

저는 동료 회원 및 저의 직업 생활에서 만나게 되는 이들과 공정하고 신뢰적인 상호 협력 관계를 구축해서 유지해나갈 것을 맹세합니다.

저는 정직성, 도덕성, 그리고 성실성을 가장 소중히 여기고 저의 고객에게 최고의 서비스를 제공하기 위한 목적으로 부단한 노력과 연구를 통해 이익을 추구할 것을 맹세합니다.

저는 IREM의 내규, 규칙, 그리고 본 직업윤리 강령에 명시된 원칙과 선언문을 준수할 것을 맹세합니다.

제1조(고객에 대한 수탁자의 의무)

CPM 회원, CPM 후보, ARM, ACM 및 준회원(이하 회원으로 지칭)은 항상 자신의 고객과 고객의 자산에 모든 충성을 다하여야 한다. 회원은 고객의 이익 창출을 위해 최선을 다할 것이며 고객의 이익 추구에 반할 수 있을 것으로 판단되는 어떠한 행동을 하여서는 안 된다. 회원의 행동이 고객의 이익 창출과 상반될 경우 고객의 이익창출이 우선이다.

제2조(누설)

회원은 법에 의해 요청받을 경우를 제외하고는 고객에게 서면으로 사전승인을 받지 않은 한, 고객의 사업이나 개인의 신상과 관련하여 고객에게 피해를 입힐 수 있는 기밀 정보나 개인 정보를 제3자에게 누설해서는 안 된다.

제3조(회계 및 보고)

회원은 항상 고객이 적법하게 기록 열람을 원할 경우 제시할 수 있도록 고객을 위해 관리하는 부동산과 관련하여 정확한 회계 및 업무 사항을 기록으로 보관해야 한다. 회원은 사전에 동의한 기간마다 정기적으로 고객의 부동산과 관련한 보고서를 고객에게 제시해야 한다.

제4조(자산보호)

회원은 한 고객의 자산을 다른 개인이나 기업 고객의 이익을 위해 유용해서는 안 되며, 안전한 금융 기관의 신탁 계정에 보관하거나 고객이 서면으로 요청한 방식대로 보관해야 한다. 회원은 항상 예상되는 모든 사고나 손실로부터 고객의 자산을 보호할 수 있도록 실사를 게을리해서는 안 된다.

제5조(다른 회원들과의 관계)
회원은 다른 회원의 행동에 대해서 근거 없는 비방을 하거나 명예를 훼손하는 발언을 해서는 안 된다. 회원은 다른 부동산 관리자가 제공하는 서비스와 비교해서 자신이 제공하는 서비스를 과장하거나 허위 진술해서는 안 된다. 그러나 본 강령에 명시된 조항을 위반하지 않으며, 합법적이고 타당하다고 판단될 경우, 부동산 관리자간의 선의의 경쟁은 적법한 것으로 인정된다.

제6조(계약)
회원과 고객 간의 모든 서면 계약서는 명쾌하고 이해하기 쉬운 용어로 작성되어야 하며, 회원이 제공하는 서비스에 대한 일반적인 내용과 회원의 책임사항을 비롯하여 당사자 간에 동의한 특정 조건이 명시되어야 한다.

제7조(이해의 상충)
회원은 항상 자신이 의뢰를 맡은 고용주나 고객에게 준수해야 할 의무에 어긋나는 행동을 해서는 안 되며, 고용주나 회사의 이익에 반하는 리베이트, 수수료, 알선료, 할인료, 또는 기타 금전적 또는 그에 준하는 혜택을 직접 또는 간접적으로 받을 수 없다. 회원이 고용주나 회사에 이런 사항을 서면으로 제출하고 승낙을 받는다면 본 윤리강령에 위반되지 않는다.

제8조(고객의 자산관리)
회원은 고객의 자산관리를 위해 실사를 게을리해서는 안 되며, 예상되는 모든 사고나 손실로부터 고객의 자산을 보호할 수 있도록 모든 노력을 기울여야 한다.

제9조(이전 고객, 회사, 또는 고용주에 대한 준수의무)
고객, 회사, 또는 고용주에 대하여 회원이 준수해야 하는 모든 의무사항 이미 거래가 끝난 이전의 고객, 회사, 또는 고용주의 관계에도 동일하게 적용된다. 회원은 고객, 회사 또는 고용주와 거래가 완료된 후에도 항상 적법한 방법에 따라 행동한다. 단, 본 조항이 현재의 고객, 회사 또는 고용주에 대해 준수해야 할 의무사항과 상충되는 경우는 예외로 한다.

제10조(법규 및 규칙준수)
회원은 항상 법규 및 규칙을 준수하여 행동해야 하며 IREM 목표와 맞게 IREM 회원으로서 최고의 도덕적, 윤리적 행동을 유지해야 한다.

제11조(기회균등)
회원은 인종, 종교, 성, 유전적 특성, 국적, 나이 또는 장애유무 등을 이유로 어떤 개인을 채용하거나 서비스를 제공하는 것을 거부해서는 안 된다.

제12조(세입자 등에 대한 의무)

회원은 고객의 부동산에 적법하게 거주하고 있는 세입자 등의 권리, 책임, 그리고 이익을 침해하지 않는 범위에서 고객의 부동산을 관리해야 한다. 회원은 고객의 부동산에 적법하게 거주하고 있는 자의 건강과 안전을 손상하는 어떠한 행동도 취해서는 안 된다.

제13조(위반사실 보고 임무)

모든 회원들은 다른 회원들이 이 직업 윤리강령을 위반했을 소지가 있다고 생각되면 IREM에 해당사항을 보고해야 한다. 이런 사실을 보고할 때는 IREM 정관에 따라 해야 한다.

2) 미국

(1) 미국 부동산관리의 발전과정

미국의 부동산산업은 지난 40년간에 걸쳐 많은 변화를 겪었다. 역사적으로 부동산 산업은 지역중심의 산업이었으나 인수합병을 통해서 전국적인 회사가 출현하였고, 리츠 등 간접투자수단이 발전하면서 사적이며 개인적인 산업에서 공적이고 국제적인 산업으로 발전해오고 있다.[14] 1960년에 도입된 리츠는 1990년대에 들어서 부동산 투자가들이 금융기관으로부터 차입이 어려워지게 되자 리츠로 눈을 돌리게 되었고 이로 인해 리츠가 폭발적으로 성장할 수 있게 된다. 또한 1990년대에 들어서면서 개발자산 자체의 유지관리보다는 자산을 이용하는 이용자에게 어떤 서비스를 잘 제공하는가를 중요한 척도로 삼는 서비스 중심의 자산관리로 변화한다. 2000년대 이후에는 개별 고객의 문제를 어떤 솔루션으로 해결할 수 있는가를 중요시하는 고객 중심의 자산관리로 변화하고 있다.

---

14 김용남·민규식, 「미국부동산자산관리사장의 분석 및 시사점 연구」, 『부동산학보』 제43호, 2010, p.10.

(2) 미국 부동산관리시장의 현황

가) 부동산관리시장의 규모

미국 내 부동산산업의 매출액은 2012년 기준 3,338억 달러이고, 그 중 부동산관리업의 매출액은 527억 달러를 나타내고 있다. 이는 부동산산업 전체 매출액의 15.8%를 차지하는 것으로 나타났다. 한편 미국 내 상업용 부동산관리시장 내에서의 시장점유율 분포를 알아보면 CBRE, UGL Services / DTZ, Jones Lang LaSalle(JLL), Colliers International, Cushman & Wakefield등 상위 5개 회사가 73%의 시장점유를 보이고 있다.[15]

■ [표 2-7] 미국부동산산업 매출액(2012년)

구 분	매출액 (단위: 백만 달러)	비율(%)
부동산임대업	196,140	58.7
부동산중개업	65,561	19.6
부동산관리업	52,710	15.8
부동산감정평가업	5,942	1.8
기타 부동산관련 활동업	13,511	4.1
합계	333,864	100

자료: 2012년 Statistics of U.S. businesses(SUSB) Annual Data, United States Census 참고

나) 주요 부동산관리회사 현황

National Real Estate Investor에서 발표하는 자료에 의하면 2012년 말 미국 TOP 7 부동산관리회사의 실적은 [표 2-8]과 같다. 상위 7개 부동산관리회사의 실적을 살펴보면, 1위 업체인 CBRE와 7위 업체인 ProLogis의 관리면적 차이가 약 5배 정도의 차이를 보인다.

---

15 Top 25 Property Managers, National Real Estate Investor, July 11, 2012.

순위	회사명	관리면적	
		sq.ft.	㎡
1	CE Richard Ellis(CBRE)	3,200,000,000	297,600,000
2	UGL Services / DTZ	3,180,000,000	295,740,000
3	Jones Lang LaSalle	2,100,000,000	195,300,000
4	Colliers International	2,000,000,000	186,000,000
5	Cushman & Wakefield	806,000,000	74,958,000
6	Newmark Grubb Knight Frank	624,800,000	58,106,400
7	ProLogis	572,000,000	53,196,000

자료: Top 25 Property Managers, National Real Estate Investor, July 11, 2012 자료 재정리

(3) 미국 부동산관리의 윤리

가) 부동산관리 관련 법률

미국 정부는 연방정부와 주정부의 이원화된 체계를 가지고 있으며, 연방정부 관련법은 연방정부 관련 프로젝트의 연방정부 및 관련기관이 발주하는 프로젝트에 적용되고, 주정부 관련 프로젝트는 해당 주정부의 관련법을 따른다.[16]

주정부의 계약법에 특별히 명시되지 않은 경우에는 각 지방자치단체마다 각자의 계약법을 별도로 운용한다. 미국에는 개별 건축물에 관련한 사항을 규정하는 연방차원의 법제는 존재하지 않으며, 건축물의 안전 등 개별 건축물의 최소 성능을 위한 기준들이 코드화되어 각 주 및 시차원의 건축법(Building Code)에 채택 및 반영되어 있다.[17]미국의 건축법(IBC, International Building Code)은 공공의 건강과 안전을 수호하기 위해서 주정부 및 의회가 입법하고 집행하는 건축물의 건설에 관련된 기준 및 기본요구조항으로서, 일반적으로

---

16 유광흠 외, 「건축 관련 법제의 체계적 정비 방안 연구」, 건축도시공간연구소, 2011, p.54.
17 유광흠 외, 「건축 관련 법제의 체계적 정비 방안 연구」, 건축도시공간연구소, 2011, p.59.

민간의 전문기관이 제작한 기준법(Model Code)[18]을 채택, 수정하여 운용하고 있다. 우리나라의 건축법에 해당하는 미국 Building Code는 그 내용을 민간기관이 제정하고 각 주정부 혹은 지역정부 차원에서 해당 정부의 특성에 맞는 내용을 선정 및 적용한다. 결론적으로 주정부마다 또는 지역정부마다 Building Code의 운영방법과 구성이 각각 상이하다. 미국의 건축법(IBC, International Building Code)에서 건물의 유지관리와 관련된 IEBC,[19] ICCPC,[20] IPMC[21]의 특징은 [표 2-9]와 같이 정리할 수 있다.

■ [표 2-9] 미국 유지관리 관련 법령 특징 및 내용

법령		내용
IEBC	정의 및 특징	• 기존 건물에서 사용 변경이나 추가, 개조, 수리에 대해 개정해야할 필요를 알고, 공공 위생 및 안전을 도모하는 "model code regulation"을 통해 이러한 필요를 충족시키도록 계획
	목적	• 기존 건물의 리모델링, 보수나 개조에 대해 대안적인 접근을 제공
	적용대상	• 기존건물
ICCPC	정의 및 특징	• 모든 커뮤니티의 공공위생과 안전을 도모하는 model code regulations를 통해 이런 필요를 충족시키기 위해 계획 • ICCPC는 화재나 자연재해와 같이 계획된 사건의 규모나 견딜 수 있는 정도의 피해에 대해 규정된 목표를 달성하기 위한 체계를 제공 • 다른 I-Code와는 달리 건물과 시설에 대해 직접적으로 사용자에게 하나의 해결책을 제시한다는 데서 뚜렷한 특징
	목적	• 거주자의 안전, 건물 보호 및 커뮤니티 복지후생의 수준을 달성
	적용대상	• 기존건물 및 신축건물의 설계자

---

18 모델 코드는 기준이 되는 국제 코드나 국가 코드를 지칭함
19 2012 International Existing Building Code(IEBC), International Code Council(ICC)
20 2012 International Code Council Performance Code(ICCPC), ICC
21 International Property Maintenance Code 2000, ICC

IPMC	정의 및 특징	• 기존 건물(building)의 유지관리를 관리(운영)하는 "부동산 유지관리법"의 개정(현대식, 최신 버전의)에 대한 필요에 따라, "model code regulation"의 계획을 통해 요구되는 부동산 개선 조항과 함께 명확하고 구체적인 부동산 유지관리 요구 조건을 충족함 • IPMC는 지역사회의 사회 경제적 번영 안에서 기존 구조물의 안전한 사용과 규칙을 규정
	목적	• 기존 건물의 최소한의 유지관리 요건을 규제하는 model code로서 기본설비(basic equipment), 조명, 환기, 난방, 위생설비, 화재 예방에 대한 최소한의 유지관리 기준을 세움
	적용대상	• 기존 건물 • 책임은 법규(code)를 따르는 소유자와 운영자 및 거주자 사이로 고정함

자료: 한국건설기술연구원, 「건축물 유지관리 제도개선 연구」, 2012, 국토해양부

나) 부동산관리 관련 단체 현황

미국에는 부동산 산업의 발전과 더불어 다양한 관련단체가 발족되어 각종 규정을 만들고 교육 프로그램을 개발하여 업계 성장의 견인차 역할을 담당한다. 또한 이들 단체는 해외에까지 영역을 확대하여 글로벌 네트워크를 구축하고 있으며, 그 중 '부동산관리협회(IREM)'와 '국제 빌딩소유자 및 관리자협회(BOMAI)'가 대표적이다.

① IREM

IREM(Institute of Real Estate Management)는 전미부동산중개업협회(NAR: National Association of Realtors)의 산하단체로 1933년 부동산관리회사들이 모여서 창설되었다. IREM은 주거용과 상업용 부동산 부문을 모두 관장하는 유일한 전문기관이며, 현재 미국에 82개 지부와 한국을 포함하여 중국, 일본 등지에 8개의 해외지부를 두고 있다.

② BOMAI

BOMAI(Building Owners and Managers Association International)은 1900년대

초에 설립된 시카고 빌딩관리자조직(Chicago Building Managers Organization)이 전국적인 조직으로 확대되어 1921년에 BOMA(Building Owners and Managers Association)가 발족되었다. 초기의 BOMA 회원 대부분은 오피스 빌딩과 일부 아파트의 관리자들이었으며, 이후 캐나다, 영국, 남아프리카, 일본, 호주 등에 지부가 조직되면서 명칭을 '국제 빌딩소유자 및 관리자협회(BOMAI)'로 변경하였다.

그 외 상업용 건물소유주 및 관리자들에게 교육 프로그램을 제공하기 위해 1970년에 설립된 BOMI(Building Owners and Managers Institute) 등이 있다.

다) 부동산관리 자격제도

미국에서는 부동산관리에 관한 자격증을 국가에서 관장하지 않고 각 전문협회가 관장하고 있다. 대표적인 자격제로는 IREM에서 수여하는 전문자격제도인 CPM(공인 자산관리 전문가)과 ARM(주택전문가)이 있으며, IREM 회원들 중엔 CPM이란 칭호를 가지고 있는 사람이 9,000명 이상이고, 3,500명이 ARM자격증을 보유하고 있다.

CPM은 1938년부터 수여되었으며 IREM의 회원 중에서 신청자에 한하여 소정의 절차를 거쳐서 선발되며, IREM이 수여하는 부동산 관리업계 전문자격증이다. CPM은 주거 건물이나 산업용 건물 혹은 쇼핑 상가 등 모든 종류의 부동산관리에서 발생할 수 있는 기술과 지식을 습득한 자에 한하여 이에 걸맞은 자격을 부여해 주는 프로그램이며, CPM 자격증은 최고의 실력과 경험을 가진 전문가임을 의미한다.

IREM이 개인에게 주는 또 하나의 자격증으로 '공인주택관리사(ARM)'이며, 이것은 CPM보다는 한 단계 낮은 수준의 자격증으로서 협회에서 제공하는 주택관리에 대한 교육과정을 성공적으로 이수하고 시험에 합격한 자에게 수여된다. ARM은 주로 주거용 부동산을 관리하며, ARM자격증은 주거용 건물 관리인이나 재산 관리인들에게 적합한 인증서이다.

이 외에도 동 협회 소속의 부동산관리회사에 수여하는 AMO(관리전문회사)
인증이 있으며, AMO는 부동산관리 분야에서 오랫동안 적극적으로 활동하고
IREM에서 정한 부동산관리에 관한 윤리규정을 성실히 준수하고 있는 부동산
관리회사 중 그 지역에서 평판이 좋은 회사에게 주어진다.

■ [표 2-10] 미국 부동산 관련 전문단체 및 자격증 현황

전문단체	설립일	관리부동산	자 격 증
BOMAI (국제빌딩소유자 및 관리자협회)	1907	상업용 부동산 (오피스빌딩)	RPA(Real Property Administrators) SMA(System Maintenance Administrators) FMA(Facilities Management Administrators)
IREM (부동산관리협회)	1933	산업용부동산 주거용부동산 산업용부동산	CPM(Certified Property Manager) AMO(Accredited Management Organization) ARM(Accredited Residential Manager)
ICSC (국제쇼핑센터협회)	1957	쇼핑센터	CSM(Certified Shopping Center Manager)
NAA (전국아파트협회)	1939	임대아파트	CAM(Certified Apartment Managers) CAMT(Certified Apartment Maintenance Technicians) CAPS(Certified Apartment Property Supervisors)
NHMC (전국공동주택 협회)	1977	대형 임대아파트 단지	CLP(Certified Leasing Professional) ARAM(Advanced Registered Apartment Manager)
NARPM (전국주거용자산 관리자협회)	1988	임대주택 (단독주택)	PPM(Professional Property Manager) MPM(Master Property Manager) CRMC(Certified Residential Management Co)
국제FM협회	1980	공공기관 외 소유 부동산	CFM(Certified Facility Manager)
CCIM Institute (부동산투자 분석가협회)	1954	상업용부동산 주거용부동산 산업용부동산	CCIM(Certified Commercial Investment Member)

자료: Robert C. Kyle 외, 『Property Management』, Real Estate Education co., 2000, pp.14~15.

라) 부동산관리의 윤리

① IREM의 부동산윤리 교육

IREM에서 부여하는 CPM자격 취득 시 멤버들은 다른 부동산 관리인과는 달리 직업윤리를 준수하는 전문직 종사자들로서 윤리 준수를 위해 교육을 진행한다. 먼저 전문직 종사자를 위한 IREM 윤리 강령(IREM Code of Professional Ethics)을 준수할 것에 동의하고, 1일 코스인 '부동산 관리인을 위한 윤리(Ethics for the Real Estate Manager)'(ETH800) 과목을 이수한 후, CPM자격 취득 요구 조건의 하나로 윤리 테스트를 통과해야 한다.

② IREM의 윤리 강령

IREM은 구성원이 반드시 지켜야 할 윤리강령을 규정하여 이를 시행, 교육하고 있으며, 주요 내용은 고객에 대한 의무, 다른 회원들과 의무, 세입자 및 이전고객의 의무 등을 규정하고 있다.

[표 2-11] IREM 윤리강령 주요내용

항목	내용	주요 내용
제1조	고객에 대한 수탁자의 의무	고객의 이익 창출을 위해 최선을 다하며, 이에 반하는 행동은 하지 않음
제2조	누설	법에 의해 요청 받을 경우를 제외하고, 고객의 정보를 제3자에게 누설 금지
제5조	다른 회원들과의 관계	다른 회원의 행동에 근거 없는 비방 및 명예 훼손 발언 금지
제7조	이해의 상충	고객의 이익에 반하는 리베이트 등의 어떠한 혜택도 직/간접적으로 받을 수 없음
제9조	이전고객에 대한 준수의무	이미 거래가 끝난 고객에 대해 준수해야 하는 의무사항도 동일 적용
제11조	기회균등	인종, 종교, 나이, 국적 등의 이유로 채용 및 서비스 제공을 거부할 수 없음
제12조	세입자 등에 대한 의무	세입자의 권리, 책임 및 이익을 침해하지 않는 범위에서 부동산 관리 진행

3) 일본

(1) 일본 부동산관리의 발전과정

일본은 전통적인 관습과 사회적인 여건으로 인해 자영관리가 대부분이었지만, 1955년 정부의 출자로 설립된 주택공단에 의해 건물부동산의 관리가 보편화되고, 1962년에 「건물의 구분소유 등에 대한 법률」이 만들어지면서 '주택관리조합'이라는 단지 입주자들의 자치관리기구를 통한 자주적인 관리체계가 확립되었다.[22]

일본의 부동산 관리는 우리나라와 같이 입주자들에 의한 건물주택 관리조합의 구성으로 대부분 이루어져 있다. 입주자들이 자치규범적인 성격을 가지고 관리규약을 정하면 건물주택관리조합은 단지 내의 공용부분의 관리와 상용에 대한 법률과 규약의 범위 내에서 입주자 상호간의 일정한 규칙을 정해 운영한다. 입주자는 조합의 일원으로서 자기가 가지고 있는 권리와 의무를 이 건물주택 관리조합을 통해서 행사하였다. 1983년부터 1991년까지 9년간 동경전역, 대도시, 지방 등으로 시차를 두고 토지가 급등이 지속적으로 이루어졌으며, '토지본위제'라고 불릴 정도로 토지를 포함한 부동산은 자산가치로 높게 평가되었다. 버블말기에 '버블확대 억제정책'이 시행되고 시장참여자들의 토지신화에 대한 기대심리가 무너지면서 버블의 붕괴가 시작하여 장기불황으로 이어지게 되었다. 버블확대 억제를 위해 긴축정책, 총량규제도입(융자에 대한 총량규제), 토지세제 개혁(보유세 강화)등의 각종 정책들이 시행되기 시작하였다. 1990년 3월 토지관련 융자에 대한 총량규제의 도입으로 인해 부동산에 대한 수요가 원천적으로 봉쇄되면서 가수요 매물이 순식간에 시장으로 밀려나오게 되었다.

---

22 정용한, 「부동산자산관리의 발전방향에 관한 연구」, 전주대학교 석사학위논문, 2009, pp.31~33.

또한, 버블기에 급증한 부동산 관련 대출이 버블붕괴와 더불어 기업과 금융기관이 동시에 부실화되면서 장기 복합불황 국면으로 진입하였다. 이러한 상황으로 인해 오피스빌딩에도 대규모 공실이 발생하여 임대료도 극단적으로 하락하였고, 버블시기에 계획된 빌딩이 점차로 착공되고 임차인 위주 시장이 분명해지면서 임대료가 더욱 하락하는 시대가 도래하게 되었다. 버블 붕괴 이후 일본의 지가하락에 관심을 갖는 외국자본이 투자를 개시하였고, 외국계 기업은 자국의 운영되고 있는 전문적인 부동산관리방식을 일본의 부동산시장에 도입하여 그 보급에 커다란 영향을 미쳤다. 버블기에 해외에서 부동산투자를 수행한 일본의 투자자는 이미 PM이라는 개념과 그 실태를 확인하였지만 아직 일본 내 보유부동산에는 본격적으로 도입하지 않은 실정이었다.

1998년에 부동산증권화의 활성화를 위하여 SPC법을 개정하고 2001년 9월에 2개의 리츠가 상장되어 부동산 간접투자시장이 본 궤도에 오르게 되었으며, 부동산 증권화 실적은 2000년에 1조 9천억엔이 미치지 못하였으나, 2004년에는 7조 5천억엔을 넘어 300% 이상 급성장하였다. J-REITs가 투자한 물건의 관리에는 PM이 채택되었기 때문에 PM의 보급에 커다란 영향을 미치게 되었으며, 부동산의 각 업계의 대표적인 회사가 본격적으로 PM에 뛰어들기 시작한 것은 2000년 무렵이고, 일본에서 PM업무는 아직 태동기에 불과하였다.

최근 점점 표준적인 PM업무에 대하여 공통인식이 업계에 확산되고 있고 관리대상도 오피스와 아파트만이 아니라 상업용 빌딩과 쇼핑센터, 호텔 등으로 서서히 확대되었다.[23]

---

23 김재용, 「부동산관리의 효율성 제고방안에 관한 연구」, 건국대학교 석사학위논문, 2007, pp.53~54.

■ [표 2-12] 일본 부동산업 매출액 현황(2013년)

구 분	매출액(단위: 백만 엔)
건물 및 토지 매매업	9,233,004
부동산 중개업	3,684,455
비주거용 부동산 임대업	8,016,428
주거용 부동산 임대업	4,751,872
주차장업	720,704
부동산 관리업	3,991,138
합 계	30,397,600

자료: 2013년 statistucs Bureu of Japan 자료 참조.

(2) 일본 부동산관리시장의 현황

일본 내의 외국계 부동산자산관리회사로 케니디윌슨, 일본 GMAC Commercial Mortgage(일본 property management), JLL 등이 진입하여, 사업영역을 넓히고 있다. 이에 영향을 받고 성장한 일본 현지 부동산관리회사인 미쓰비시지소, 미쓰이 부동산, 스미토모부동산, 토와 부동산, 도쿄건물, 노무라 부동산, 도큐 부동산, 모리빌딩, 모리트러스트 등의 회사들이 있다. 이외 일본 부동산관리업체는 각각의 주요영역의 관점에서 계열별로 정리해 볼 수 있으며, 각각의 모회사의 장점을 살려 업무를 전개하고 있는 것이 특징이다.[24]

---

24 여철구, 「국내 부동산 관리회사의 발전방향에 관한 연구」, 건국대학교 석사학위논문, 2008, pp.34 – 38.

■ [표 2-13] 일본 부동산관리업체 현황

계열	회사명	특징
부동산회사계열	미쓰비시지소, 미쓰이부동산, 스미토모 부동산, 토와 부동산, 노무라 부동산, 도큐부동산, 모리빌딩	전문부서를 설치하고 종합적인 PM 업무 수행
손해, 생명보험회사 계열	니혼생명(다이세이 빌딩관리 외), 스미토모생명(스미세이 빌딩 매니지먼트) 등	자산건물의 시설부문의 전문스텝 활용 업무수행
대형 건설회사 및 설계회사 계열	카지마 건설, 다케나카공무점, 다이세이 건설, 스미즈건설, 니케설계	건축의 hard기술, 설계기술의 강점을 활용한 사업전개
상사계열	스미토모상사(주상 빌딩 매니지먼트), 이토추상사(이토추아방 커뮤니티 등)	상사의 풍부한 네트워크를 이용하여 활발하고 종합적인 업무 전개
외국자본 계열	케네디윌슨, 일본 GMAC, JLL, CBRE	해외투자자를 고객으로 PM사업 확보
시설관리전문 회사 계열	일본관재, 동경미장흥업, 천대전 빌딩 매니지먼트	하드웨어설비관리, 비용 관리 등의 강점

자료: 여철구, 「국내 부동산 관리회사의 발전방향에 관한 연구」, 석사학위논문, 건국대학교, 2008, pp. 34~38 재구성

(3) 일본 부동산관리의 윤리

가) 일본 부동산관리 관련 법률

일본의 법률체계는 크게 헌법과 법령통칙을 제외하고, 행정법, 판례법, 민사법, 형사법, 사회법, 산업법, 환경법 등 약 11개의 범주로 나누어져 있으며, 건축은 일본의 전체 법체계 속에서 「산업법」 내에 포함되어 있다.[25]

일본의 건축 관련 법제는 우리나라와 매우 유사하게 운영되고 있으며 건축물의 생산과정에 관여되는 법률로는 개발허가, 건축 확인(건축심의 등), 실시

---

25 김진욱 외, 「녹색성장을 위한 건축 관련 법·제도정비에 관한 연구」, 건축도시공간 연구소, 2010, p.101.

설계, 유지 및 관리 단계로 나누어볼 수 있다.[26] 「건축기준법」, 「건설업법」, 「도시계획법」, 「도시재개발법」, 「공영주택」, 「전기사업법」, 「가스 사업법」, 「고압가스 단속법」, 「액화석유 가스의 보안 및 거래의 적정화에 관한 법률」 등 건설 및 사후 유지관리에 직·간접적 영향을 끼치는 1백여 개 이상의 법률이 있다. 그 중 건축물의 유지관리에 가장 상세히 언급하고 있는 것은 「건축기준법」 제8조와 「건설성에서 고시한 준칙」, 「건축물의 내진 개수 촉진에 관한 법률」이 있다. 「건축기준법」 제8조는 건축물의 기능 및 성능 결정에 가장 큰 영향력을 갖는 법률로서 국민의 생명·건강·재산의 보호를 위해 건축물의 부지·설비·구조·용도에 대해 그 최저 기준을 정하고 있다.

또한 건축법규의 근간을 이루는 법률로서 「건축기준법 시행령」·「건축기준법 시행규칙」·「건축기준법 관계고시」가 정해져 있어 건축물을 건설할 때나 건축물을 안전하게 유지하기 위한 기술적 기준 등의 내용을 담고 있다. 「건축기준법」의 세부내용은 [표 2-14]와 같이 정리할 수 있다.

■ [표 2-14] 일본 건축기준법의 유지관리 법령 체계

기준법	시행령	시행규칙	준칙 또는 고시
제8조 (유지보전)	(없음)	(없음)	건축물 유지보전 준칙 (건설성 고시 606호, 1985년)
			건축물의 적정한 유지보전추진 (주택국 제17호, 1985년)
제12조 (보고, 검사 등)	제16조 (정기보고가 필요한 건축물)	제5조 (건축물의 정기보고)	별기 제36호의 2의4(보고서 양식)
			별기 제36호의 2의5 (조사결과표 양식)
		제5조의2 (국가기관의 장에 의한 건축물의 점검)	(없음)

---

26 한국건설기술연구원, 「건축물 유지관리 제도개선 연구」, 국토해양부, 2012, p.35.

제6조 (건축설비 등의 정기보고)	(없음)
제6조의2 (국가기관의 장에 의한 건축설비의 점검)	(없음)
제6조의3 (대장의 기재사항 등)	(없음)
제7조 (신분증명서 양식)	(없음)

자료: 한국건설기술연구원, 「건축물 유지관리 제도개선 연구」, 국토해양부, 2012.

나) 일본 부동산 관리 관련 단체 현황

일본 건축학회는 건축경제위원회와 환경공학위원회 합동으로 「건물관리 가이드라인」의 책정을 준비하고 있으며, 건축·설비유지보전 추진협회는 「건축 스톡(Stock)대책 요강」을 2000년에 정리하여 발표하였다. 또한 일본빌딩연합회와 공동으로 「건물검수안내서」를 2002년 초에 발간하여 건물검수의 위치를 명확하게 하기 위한 시스템 구축을 위해 노력하고 있다. 공기조화 위생공학회는 1998년에 「건물설비의 성능검증 기본지침안」을 책정하여 빌딩관리시스템의 연구개발과 보급을 위해 여러 가지로 사업을 추진하고 있다. 일본FM추진협의회는 전문 자격제도인 'Facility Manager'를 통하여 빌딩관리시스템의 체계화 및 전문화에 노력을 기울이고 있다.

다) 일본 부동산관리 자격제도

1991년 발족한 '재단법인 일본빌딩경영센터'가 실시하고 있는 '빌딩경영관리사'와 '사단법인 일본FM추진협의회' 등 3개 단체가 인정하고 있는 'Facility Manager'가 있고, 미국 CPM도 일본에 도입되었다.

[표 2-15] 일본의 빌딩관리 관련 주요 자격제도

자격명칭	빌딩경영관리사 (국토교통대신 인정자격)	퍼실리티 매니저 (특정단체 인정자격)
목 적	• 빌딩 관리계획, 수선계획에 필요한 회계 · 경영에 관한 지식, 임대차 등의 계약에 관한 지식, 설비관리에 관한 지식 등	• 기업의 시설 및 환경을 경영적 시점에서 종합적으로 기획 · 관리 · 활용하는 경영관리활동에 관한 전문지식의 습득에 도움이 됨
시험과목	• 기획 · 입안업무 • 임대영업업무 • 관리 · 운영업무	• FM의 기초지식 • FM의 업무 • FM의 기술
자격취득 절차	• 연면적 1,000㎡를 넘는 5층 이상의 임대빌딩의 경영관리업무에 종사하여 이하의 조건을 충족하는 자 • 임대빌딩경영관리에 관하여 3년 이상의 실무경험 • 임대빌딩경영관리에 관하여 2년 이상의 실무경험+센터의 빌딩경영강좌를 수료한 자 • 부동산경영관리에 관하여 5년 이상의 실무경험+그 기간 동안에 임대빌딩의 경영관리에 관하여 2년 이상의 실무경험이 있는 자 • 부동산경영관리에 관하여 5년 이상의 실무경험+센터의 빌딩경영강좌를 수료한 자	* 합격 후 협회등록에 일정의 자격을 충족할 필요가 있음 • 4년제 대학 또는 이에 준하는 자 　– 실무 3년 • 3년제 단기대학 – 실무 4년 • 2년제 단기대학(전문학교) – 실무 5년 • 고등학교 등 – 실무 7년 • 기타 – 실무 10년
비고	(재)일본빌딩경영센터 www.bmi.or.jp	(사)일본퍼실리티매니지먼트추진 www.fis.jfma.or.jp

자료: 이창석, 부동산관리론, 신광문화사, 2010, p.147.

학습내용정리 Summary

01   부동산관리윤리라는 것은 부동산관리활동을 수행하는 부동산관리자 또는 부동산관리 회사가 정당하고 공정하며, 정의롭게 부동산관리활동을 수행하도록 인도해 주는 지침 혹은 준칙이다.

02   우리나라 법률상 건축물에 대한 유지관리 기준을 규정하고 있는 법령은 「건축법」, 「공동주택관리법」, 「시설물 안전관리에 관한 특별법」 3가지 법령에 근거하고 있다.

03   부동산관리와 관련된 협회는 공동주택(아파트)의 공용부분과 입주자 공동소유인 부대복리시설의 유지·보수와 안전관리를 위한 대한주택관리사협회를 제외하고, 비주거 및 상업용 부동산관리를 위한 한국CPM협회(한국부동산자산관리전문가협회), (재)한국빌딩 경영관리사협회 등이 있다.

04   미국 정부는 연방정부와 주정부의 이원화된 체계를 가지고 있으며, 연방정부 관련법은 연방정부 관련 프로젝트의 연방정부 및 관련기관이 발주하는 프로젝트에 적용되고, 주정부 관련 프로젝트는 해당 주정부의 관련법을 따르고 있다. 미국에는 개별 건축물에 관련한 사항을 규정하는 연방차원의 법제는 존재하지 않으며, 건축물의 안전 등 개별 건축물의 최소 성능을 위한 기준들이 코드화되어 각 주 및 시차원의 건축법(Building Code)에 채택 및 반영되어 있다.

05   일본 내의 외국계 부동산자산관리회사로 케니디월슨, 일본 GMAC Commercial Mortgage(일본 property management), JLL 등이 진입하여, 사업영역을 넓히고 있으며, 이러한 영향을 받고 성장한 일본 현지 부동산관리회사인 미쓰비시지소, 미쓰이부동산, 스미토모부동산, 토와 부동산, 도쿄건물, 노무라 부동산, 도큐 부동산, 모리빌딩, 모리트러스트 등의 회사들이 있다.

06   부동산관리의 윤리적 측면에서 최근 우리나라에서 발생되는 다양한 문제를 국토교통
     부 공동주택관리 분쟁조정위원회, 주택임대차 분쟁조정위원회 등의 조정사례 및 관
     련 판례 등을 파악할 필요가 있다.

예시문제 Exercise

01 우리나라의 법률상 건축물의 유지관리 기준을 규정하는 있는 근거법률을 예시하고
법률상 주요내용에 대해서 설명하시오.

02 우리나라의 부동산관리 관련 자격제도 중 주택관리사의 업무내용 및 관련 윤리 규정
에 대해서 설명하시오.

03 미국의 부동산관리 관련 단체 중 IREM의 부동산윤리 교육 및 강령에 대해서 설명하
시오.

부동산관리 관련 분쟁

01

최신 판례 및 질의회신

최근 우리나라에서 발생되는 부동산관리와 관련된 다양한 분쟁의 유형 및 해결안을 파악하기 위해서 국토교통부 공동주택관리 분쟁조정위원회, 주택임대차 분쟁조정위원회 등의 조정사례 및 관련 판례 등을 살펴보기로 한다.

1) 최신 판례 및 질의회신

(1) 입주자대표회의 및 동별대표자 관련

가) 입주자 대표회의 결의 무효 확인(2005가합13869)

고층세대의 승강기 보수 및 교체비용을 저층세대 입주자들에게까지 부담시키는 결의에 대하여 저층세대 입주자들의 별도의 동의가 필요한지와 관련된 분쟁이다. 즉 고층아파트 동과 저층아파트 동이 하나의 단지를 이루고 있는 경우, 고층세대의 구분소유자들이 공유하는 승강기의 보수 및 교체 비용을 저층세대 구분소유자에게까지 부담시키는 결의는 저층세대 구분소유자들의 권리에 특별한 영향을 미치는 것이어서 저층세대 구분소유자들의 승낙을 얻어야 하는지 여부인 것이다. 법원의 판단은 이 사건 결의는 고층세대의 공유물인 승강기 교체비용의 50%를 저층세대를 포함하는 이 사건 아파트 전체 구분소유자들이 납부한 장기수선충당금에서 사용한다는 내용의 결의로 이는 일부 구분소유자들인 저층세대 구분소유자들의 권리에 특별한 영향을 미치는 규약의 변경에 해당하므로 집합건물법 제29조 제1항에 따라 저층세대 구분소유자들의 승낙을 얻어야 함에도 불구하고 위와 같은 규약 변경에 관하여 저층세대 구분소유자들의 승낙을 얻지 아니하였으므로 이 사건 결의는 집합건물법 제29조 제1항 규정에 위반하여 무효라고 판시하였다.

나) 아파트 부녀회의 법적 성질과 부녀회의 의무 이행이 없을 경우 입주자대표회의가 부녀회의 해산 권한을 가지는지 여부(2008가합13756)

입주자대표회의의 지원을 받아 자율적으로 결성된 아파트 부녀회의 법적 성질과 부녀회가 입주자대표회의의 요구에 따른 일정한 수익금의 처리에 관한 결산보고 등의 의무를 이행하지 않았다 하더라도, 관련 법규나 근거규정이 없는 이상 입주자대표회의가 독립적 자생단체인 부녀회를 해산할 권한을 가진다고는 할 수 없다고 한 사례이다. 아파트에 거주하는 주부를 회원으로 구성되어 회칙과 임원을 두고 아파트 내에서 그 입주민을 위한 봉사활동 등을 하는 부녀회는 법인이 아닌 사단의 실체를 갖는데, 입주자대표회의가 관련 법규나 관리규약에 근거하여 그 하부조직 내지 부속조직으로 설립한 것이 아니라 아파트의 주부들에 의하여 자율적으로 결성된 이상 입주자대표회의로부터 독립한 법적 지위를 가지는 자생자치단체라고 할 것이고, 입주자대표회의가 그 자율적 결성을 지원하였다는 사정만으로 달리 볼 수 없다는 점과 부녀회가 입주자대표회의의 요구에 따라 일정한 수익금의 처리에 관한 결산을 보고하여 이를 승인받거나 그에 대한 감사에 응할 의무를 지고 있음에도 이를 이행하지 않았던 사안에서, 입주자대표회의로서는 이를 사유로 위임과 유사한 부녀회와의 법률관계를 해지하고, 만약 부녀회가 입주자대표회의의 이익을 위하여 사용하여야 할 일정한 수익금을 자기를 위하여 소비한 때에는 민법 제685조의 규정을 준용하여 그 손해의 배상 등을 구할 수 있음은 별론으로 하더라도, 관련 법규나 입주자대표회의의 관리규약에 부녀회 해산에 관한 아무런 근거규정이 없는 이상 위와 같은 사유를 들어 독립적 자생단체인 부녀회를 해산할 권한을 가진다고는 할 수 없다고 한 사례이다.

다) 입주자대표회의를 소집할 때 회의의 목적 사항 기재의 정도 및 목적 사항으로 기재하지 않은 사항에 관한 결의의 효력(2010다102403)

입주자대표회의를 소집함에 있어 회의의 목적 사항을 기재하도록 하는 취지는 구성원이 결의를 할 사항이 사전에 무엇인가를 알아 회의 참석 여부나 결의사항에 대한 찬반의사를 미리 준비하게 하는 데 있으므로, 회의의 목적 사항은 구성원이 안건이 무엇인가를 알기에 족한 정도로 구체적으로 기재하여야 한다. 그리고 회의 소집 통지를 함에 있어 회의 목적 사항을 열거한 다음 '기타 사항'이라고 기재한 경우, 회의 소집 통지에는 회의의 목적 사항을 기재하도록 한 민법 제71조 등 법 규정의 입법 취지에 비추어 볼 때, '기타 사항'이란 회의의 기본적인 목적 사항과 관계가 되는 사항과 일상적인 운영을 위하여 필요한 사항에 국한된다고 보아야 한다. 만일, 회의소집 통지에 목적 사항으로 기재하지 않은 사항에 관하여 결의한 때에는 구성원 전원이 회의에 참석하여 그 사항에 관하여 의결한 경우가 아닌 한 그 결의는 무효라고 할 것이다(대법원 1993. 10. 12. 선고 92다50799 판결, 대법원 1996. 10. 25. 선고 95다56866 판결, 대법원 2001. 9. 25. 선고 2001다23379 판결 등 참조).

라) 입주자대표회의 구성원의 해임사유(질의내용)

고의로 학력 밝히기를 거부하는 입주자대표회의 구성원은 해임사유에 해당하는지 여부로, 동별 대표자의 해임사유는 관리규약으로 정하도록 하고 있으므로(영 제19조 제1항 제3호), 적법한 절차를 거쳐 해당 내용을 해임사유로 관리규약에 정할 수 있을 것으로 판단된다. 다만, 동별 대표자의 해임은 해당 선거구 입주자등의 과반수가 투표하고 투표자 과반수의 찬성으로 하도록 하고 있다(영 제13조제4항 제1호).

마) 공동주택 입주자대표회의 임원인 회장과 이사의 업무범위(질의내용)

입대의에서는 동별 대표자 중에서 회장 1명, 감사 2명 이상, 이사 1명 이상을 선출하며 회장은 입대의를 대표하고 그 회의의 의장이 된다(「공동주택관리법 시행규칙」 제4조 제1항). 이사는 회장을 보좌하고 회장이 부득이한 사유로 그 직무를 수행할 수 없는 때에는 관리규약이 정하는 바에 따라 그 직무를 대행한다(「공동주택관리법 시행규칙」 제4조 제2항). 질의의 경우 입대의 임원의 업무는 상호 보완적인 것으로 판단되며 「공동주택관리법 시행규칙」 제4조에 규정된 업무를 수행해야 할 것이다.

바) 공유인 공동주택 소유자의 동별대표자 결격사유 판단 기준(질의내용)

공유자 지분이 각각 50%이고 모두 과반에 미치지 못한 경우 어떻게 결격사유를 확인해야 하는지 여부와 남편의 지분이 51%이고 부인이 49%일 경우에 부인이 동대표로 입후보할 경우 부인의 결격사유와 상관없이 과반을 점유하고 있는 남편의 결격사유만 없다면 부인이 동대표로 출마하는 데 상관이 없는지와 관련된 사례로, 공유인 공동주택 소유자의 결격사유를 판단할 때에는 지분의 과반을 소유한 자의 결격사유를 기준으로 한다.(「공동주택관리법 시행령」 제11조 제4항). 따라서, 질의와 같이 주택 소유지분이 각각 과반을 넘지 못하거나, 대리권을 위임할 배우자의 지분이 과반 이상인 경우에는 같은 조 제3항 제3호에 따라 대리권을 위임할 공동소유자가 동별 대표자의 결격사유에 해당하지 않아야 하며, 동별 대표자로 출마하려는 공동소유자 본인 또한 동별 대표자의 결격사유에 해당하지 않아야 동별 대표자가 될 수 있다.

사) 방문투표가 적법한지 여부(질의내용)

동별 대표자 선거 및 입주자대표회의 임원 선거 시 방문투표를 하는 것은 공동주택관리법령에 위배되는 것이 아닌지의 사례로, 동별 대표자 및 500세대 이상인 공동주택에서의 입대의 회장과 감사는 선거구 입주자등의 보통·평등·

직접·비밀선거를 통해 선출하도록 하고 있다(「공동주택관리법」 제14조 제3항, 같은 법 시행령 제12조 제2항 제1호). 이와 관련, 선출절차는 관리규약으로 정하도록 하고 있으므로(「공동주택관리법 시행령」 제19조 제1항 제3호) 귀 공동주택 관리규약으로 방문투표를 정하고 있고 선거의 4대 원칙이 지켜졌다면 공동주택관리법령에 위배되지 않는다.

아) 주민등록을 하지 않은 거주자에게 선거권이 인정되는지 여부(질의내용)

관리규약에 입주자와 사용자는 대표자 등 선거의 선거권이 있다고 규정돼 있는 경우 주민등록 등재 여부와 관계없이 선거권이 부여되는지 여부의 사례로, 동별 대표자는 선거구 입주자 등의 보통·평등·직접·비밀선거를 통해 선출하므로(「공동주택관리법」 제14조 제3항) 동별 대표자를 선출할 수 있는 자(선거권이 있는 자)는 실제 해당 공동주택에 거주하는 입주민으로서 주민등록등재 여부에 관련 없이 입주자 명부에 등재된 입주자 및 사용자는 모두 가능하다.

(2) 공동주택관리 기구 구성·운영 관련

가) 아파트 화재보험의 계약기간 만료 후 새로운 계약 미체결로 화재가 발생함으로 인한 손해배상책임 관련(2000다18073)

입주자대표회의 및 관리주체가 종전에 아파트 전체에 일괄하여 체결하였던 화재보험의 계약기간 만료 후 새로운 계약을 체결하지 않은 동안 화재가 발생함으로써 개별입주자가 보험혜택을 받지 못한 경우, 입주자대표회의 및 관리주체가 그 입주자에 대하여 손해배상의무가 있다고 본 사례로, 입주자대표회의 및 관리주체가 종전에 아파트 전체에 일괄하여 체결하였던 화재보험의 계약기간 만료 후 새로운 계약을 체결하지 않은 동안 화재가 발생함으로써 개별입주자가 보험혜택을 받지 못한 경우, 구 주택건설촉진법(1996. 12. 30. 법률 제5230호로 개정되기 전의 것)과 구 공동주택관리령(1997. 7. 10. 대통령령 제15433호로 개정되기 전의 것)의 관련 규정 및 아파트관리규약 등에 따르면 아파트 입주자를 위하여 화재보험계약을 체결하는 업무 자체는 관리주체에 부여된 것이지만, 관리주체가 계약을 체결하려면 먼저 입주자대표회의의 결의로 계약을 체결할 보험회사를 선정하여야 하므로, 입주자대표회의는 적정한 보험회사를 선정하여 관리주체로 하여금 입주자를 위하여 화재보험계약을 체결하도록 지도, 감독할 의무가 있고, 관리주체는 화재보험 계약기간이 만료되기 전에 입주자대표회의로 하여금 화재보험에 가입하도록 적극적으로 주의를 환기시키고, 나아가 화재보험계약에 관한 조언이나 정보를 제공함으로써 입주자대표회의로 하여금 화재보험기간이 만료되기 전에 보험회사를 선정하는 결의를 할 수 있도록 적절한 조치를 취할 의무가 있음에도 이러한 주의의무를 소홀히 함으로써 화재보험계약이 체결되지 않고 있던 중 화재가 발생하였고, 이로 인하여 개별입주자가 화재보험금을 수령할 수 없게 되었으므로, 입주자대표회의 및 관리주체가 그 입주자에 대하여 손해배상의무가 있다고 본 것이다.

나) 공동주택의 부대시설인 주차장을 입주자 등 외의 일반인에게 전면 개방하고 주차요금을 받는 것이 가능한지 여부(질의내용)

공동주택의 부대시설인 주차장을 입주자, 사용자 외의 불특정·다수의 일반인에게 계속적, 반복적으로 전면 개방하여 공영주차장 요금에 준하는 주차요금을 받는 것이 허용되는지의 사례로, 공동주택의 부대시설인 주차장은 영리목적으로 이용할 수 없으므로, 입주자, 사용자 외의 불특정, 다수의 일반인에게 계속적, 반복적으로 전면 개방하여 공영주차장 요금에 준하는 주차요금을 받는 것은 위 주차장을 영리목적으로 이용하는 것이기 때문에 허용되지 않는다.

다) 주민운동시설을 영리를 목적으로 하는 전문적인 운영업체에게 보증금 및 월 임대료를 받고 위탁 운영할 수 있는지 여부(질의내용)

2014.1.1일부터는 주민운동시설을 영리를 목적으로 하는 전문적인 운영업체에게 보증금 및 월 임대료를 받고 위탁 운영할 수 있는지, 위탁 운영이 가능

하다면 외부인이나 입주자등에게 입회비 등을 받고 운영할 수 있는지의 사례로, 아파트의 복리시설은 영리로 운영할 수 없으므로, 주민운동시설을 위탁하여 운영하는 경우에도 임대료 및 보증금을 받고 운영하거나, 해당 공동주택 입주민이 아닌 외부인에게 사용료를 받고 운영하는 등 영리적인 목적으로 운영할 수 없다. 다만, 전문 운영업체에게 위탁 시 수수료를 지급하거나, 필요할 시 내부 입주자등에게 사용료를 받는 것은 가능하다.

대법원 판례(대법원 2007도376) 등에서는 주민운동시설을 해당 공동주택 입주민 외의 자에게 사용료를 받고 이용하도록 하거나, 관리 주체가 아닌 자에게 임대료 및 보증금을 받고 임대하여 임차인이 해당 시설을 독점적으로 사용, 수익을 얻으며 자기 계산 하에 전업으로 운영하는 경우 등은 영리 목적으로 운영한 것으로 판시한 바 있다.

라) 주택관리업자에게 위탁관리 시 경비, 청소 등을 위탁운영 하는 경우 주택관리업자의 업무범위(질의내용)

주택관리업자에게 위탁관리 시 경비, 청소 등을 위탁운영 하는 경우 주택관리업자의 업무범위는 「공동주택관리법」 제63조 제1항 제2호에서는 관리주체의 업무로 공동주택단지안의 경비, 청소 등을 명시하고 있으므로, 관리주체인 주택관리업자가 경비, 청소 등을 위탁운영하는 경우에도 동 업무는 관리주체의 업무에 해당하며, 그 관리의 책임은 관리주체에게 있는 것이다.

마) 관리주체는 외부회계감사 결과를 입대의에 보고하지 않고 공동주택관리정보시스템에만 공개해도 되는지 여부(질의내용)

관리주체는 외부회계감사 결과를 입대의에 보고하지 않고 공동주택관리정보시스템에만 공개해도 되는지의 사례로, 관리주체는 외부회계감사를 받은 경우 감사보고서 등 회계감사 결과를 제출받은 날부터 1개월 이내에 입대의에 보고하고 해당 단지의 홈페이지와 제88조 제1항에 따른 공동주택관리정보시스템에 공개해야 하며(「공동주택관리법」 제26조 제3항) 회계감사 결과를 보고 또는 공개하지 않거나 거짓으로 보고 또는 공개한 경우 「공동주택관리법」 제102조 제3항 제6호에 따라 과태료가 부과된다. 따라서 회계감사 결과를 입대의에 보고하지 않은 경우 과태료 부과대상이다.

바) 위층 누수가 발생한 경우 관리주체가 직접 보수하고 당해 입주자등에게 그 비용을 따로 부과할 수 있는지 여부(질의내용)

위층 발코니 바닥에 우수관이 새어 아래층 세대 천장으로 누수가 발생한 것과 관련, 「공동주택관리법 시행령」 제23조 제5항(관리주체는 보수를 요하는 시설(누수 되는 시설을 포함한다)이 2세대 이상의 공동사용에 제공되는 것인 경우에는 이를 직접 보수하고, 해당 입주자 등에게 그 비용을 따로 부과할 수 있다)에 대한 해석을 요청한 사례로, 공동주택의 관리책임 및 비용부담은 해당 공동주택 관리규약으로 정하므로(「공동주택관리법 시행령」 제19조 제1항 제19호) 귀 공동주택 관리규약에 따라 누수 부위가 공용부분인지 여부를 판단하여 관리주체가 비용을 부담할지 여부를 결정하면 될 것이다. 아울러, 관련 규정(「공동주택관리법 시행령」 제23조 제5항)은 2세대 이상의 공동사용에 제공되는 시설의 보수공사를 관리주체가 하였으나 해당 시설이 공용부분이 아니라면 해당 입주자등에게 비용을 부과할 수 있다는 규정으로 판단된다.

(3) 관리비등 징수 · 사용 관련

가) 한 사람이 집합건물 내에 수 개의 구분건물을 소유한 경우에는 이를 1인의 구분소유자로 보아야 하는지 여부(2009다65546)

집합건물의 소유 및 관리에 관한 법률 제41조 제1항 본문에서 정한 구분소유자의 서면 결의의 수를 계산할 때에 한 사람이 집합건물 내에 수 개의 구분건물을 소유한 경우에는 이를 1인의 구분소유자로 보아야 하는지 여부로, 집합건물의 관리단규약이 집합건물의 소유 및 관리에 관한 법률 제41조 제1항에서 정한 서면 결의의 요건을 충족하여 적법하게 설정되었는지 문제된 사안에서, 원심으로서는 관리단규약 설정에 관한 서면 결의의 요건을 심리할 때에 수 개의 구분점포를 소유한 사람을 1인의 구분소유자로 계산하여 관리단규약이 유효하게 설정되었는지를 살펴보고 이에 따라 선출된 대표자의 대표권 유무에 관하여 판단하였어야 한다고 하며 원심판결을 파기한 사례이다. 집합건물의 소유 및 관리에 관한 법률 제41조 제1항 본문은 "이 법 또는 규약에 따라 관리단집회에서 결의할 것으로 정한 사항에 관하여 구분소유자의 5분의 4 이상 및 의결권의 5분의 4 이상이 서면으로 합의하면 관리단집회에서 결의한 것으로 본다"고 규정하고 있는데, 위 서면 결의의 요건을 구분소유자의 수와 의결권의 수로 정함으로써 집합건물에 대하여 인적 측면에서 공동생활관계와 재산적 측면에서 공동소유관계를 함께 고려하여 공정하고 원활하게 이를 유지, 관리하려는 데 입법 취지가 있는 점과 위 규정의 문언이 '구분소유자'라고 정하고 있는 점에 비추어 보면 위 규정에서 정한 구분소유자의 서면 결의의 수를 계산할 때 한 사람이 집합건물 내에 수 개의 구분건물을 소유한 경우에는 이를 1인의 구분소유자로 보아야 할 것이다.

나) 관리비 연체 세대에 단전 및 단수 조치를 하는 것이 적법한가(2004다3598)

집합건물의 관리단이 전 구분소유자의 특별승계인에게 승계한 공용부분 관리비 등 전 구분소유자가 체납한 관리비의 징수를 위해 단전·단수 등의 조치를 취한 사안에서, 관리단의 위 사용방해행위가 불법행위를 구성한다고 한 사례로, 단전·단수 등의 조치가 적법한 행위로서 불법행위를 구성하지 않기 위해서는 그 조치가 관리규약을 따른 것이었다는 점만으로는 부족하고, 그와 같은 조치를 하게 된 동기와 목적, 수단과 방법, 조치에 이르게 된 경위, 그로 인하여 입주자가 입게 된 피해의 정도 등 여러 가지 사정을 종합하여 사회통념상 허용될 만한 정도의 상당성이 있어 위법성이 결여된 행위로 볼 수 있는 경우에 한한다.

다) 중앙난방방식 아파트에서 세대가 비어 있을 경우 그 소유자(경락자 포함)에게 난방비를 부과하는 것이 타당한지 여부(질의내용)

중앙난방방식 아파트에서 세대가 비어 있을 경우 그 소유자(경락자 포함)에게 난방비를 부과하는 것이 타당한지에 관한 사례로, 공동주택 입주자 및 사용자는 그 공동주택의 유지관리를 위해 필요한 관리비를 관리주체에게 납부해야 함(「공동주택관리법」 제23조 제1항). 따라서 질의 내용과 같이 세대가 비어 있을 경우의 관리비는 해당 소유자(경락자)가 부담해야 할 것으로 판단된다.

라) 관리비 장기연체 세대에 대하여 급수 중단이나 제한급수가 가능한지 여부(질의내용)

「공동주택관리법 시행령」 제19조 제1항 제13호에서 관리비 등을 납부하지 아니한 자에 대한 조치 및 가산금의 부과에 관한 사항은 해당 공동주택 관리규약으로 정하도록 하고 있다. 따라서 관리비 장기 체납자에 대한 조치는 귀 공동주택 관리규약에서 정하는 바에 따라야 할 것이나, 관리규약이라 하더라도 입주자등의 기본적인 권리를 침해하는 것은 가능하지 않을 것으로 판단된다.

마) 입주자대표회의 회장의 업무추진비 외에 회장 차량유류대, 회식비 등을 입주자대표회의 의결 없이 회장 권한으로 지출할 수 있는지 여부(질의내용)

입주자대표회의의 운영비의 용도 및 사용금액은 관리규약으로 정하도록 하고 있으므로(「공동주택관리법 시행령」 제19조 제1항 제6호), 입주자대표회의 회장이 임의로 지출할 수 있는 것은 아니며 귀 공동주택 관리규약으로 정한 내용에 따라야 한다.

바) 주민운동시설의 관리와 운영에 필요한 비용을 관리비로 산정하여 주민운동시설을 사용하지 않는 입주자에게도 부담시킬 수 있는지, 아니면 사용료로 산정하여 해당 시설의 사용자에게만 부담시켜야 하는지 여부(질의내용)

2014.1.1부터 공동주택의 관리주체가 주민운동시설을 관리주체가 아닌 자

에게 위탁하여 운영하는 경우, 주민운동시설의 보수, 유지, 위탁 등 관리와 운영에 필요한 비용을 관리비로 산정하여 주민운동시설을 사용하지 않는 공동주택의 입주자에게도 부담시킬 수 있다. 주민운동시설 운영비용은 해당 단지에서 입주민의 의견과 제반 여건을 감안하여 ① 관리비로만 부과 ② 일부는 관리비, 일부는 사용료로 부과 ③사용료로 전액 부과할 수 있다.

사) 미분양으로 해당 세대가 비어있는 경우 해당 세대의 관리비는 누가 부담하는지?(질의내용)

공동주택의 관리비는 소유자 또는 사용자에게 부과하는 것이므로 현재 미분양으로 해당 세대가 비어있는 경우라면 해당 세대의 관리비는 그 소유자인 사업주체가 부담하여야 할 것으로 판단된다.

아) 승강기를 사용하지 않는 1, 2층 가구에 승강기 관련비용(유지비, 수리비, 공동전기료 등)을 부과하는 것에 대한 정확한 법률적 해석 요청(질의내용)

공동주택 관리비 등의 가구별 부담액 산정방법은 관리규약으로 정하도록 하고 있으므로(「공동주택관리법 시행령」 제19조 제1항 제12호) 승강기 유지비 등에 대한 비용부담은 귀 공동주택 관리규약에서 정한 내용에 따라야 할 것이다. 또한 1층과 2층에 대한 승강기유지비 감면에 대해서는 공동주택관리법령에 별도로 정하는 바가 없으므로 귀 공동주택의 입주자 등의 의견을 합리적으로 반영해 감면여부와 얼마를 감면할지 등을 관리규약에 정해 운용하면 될 것으로 판단된다. 다만 승강기 교체비용은 귀 공동주택 장기수선계획에 따라 적립된 장기수선충당금을 사용해야 하는 것이며 「공동주택관리법」 제30조 제1항에 따라 장충금은 해당 주택의 소유자로부터 징수해 적립해야 한다. 이 경우 장충금은 1, 2층 소유자를 포함해 전체 소유자로부터 징수·적립하는 것이 타당하다.

(4) 공동유지 · 보수 · 개량 관련

가) 아파트 우수관이 막혀 천장에서 물이 새는 경우, 우수관은 공용부분에 해당하므로 입주자대표회의가 손해를 배상하여야 하는지 여부(2010가단180450)

이 사건 우수관이 각 세대의 전용부분별로 그 세대의 전용부분에 속한다고 볼 수는 없기에 우수관 부분은 공용부분에 해당된다. 따라서 개별 세대 입주자는 비록 우수관이 지산의 전용부분을 통과한다고 하여 그 부분을 변경 · 훼손할 수 없다. 이는 우수관 본래의 기능인 옥상 빗물 배수라는 공공적 이익을 해칠 수 있기 때문이다.

반면 관리주체는 옥상에서 유입된 빗물이 지하 배수관까지 원활하게 통과되는지 여부를 개별 입주자의 협조 없이도 간단한 검사방식으로 할 수 있다. 또한 그 검사 과정에서 지하 배수관까지의 통과가 원활하지 않다고 보이는 경우, 개별 전용부분에 들어가 그곳을 지나는 공용부분을 점검하는 것은 충분히 가능하고 오히려 마땅히 해야 할 업무에 속한다. 개별 전용부분 입주자의 동의를 구하는 절차의 번거로움 등 시간 · 비용적인 측면에서 관리주체의 부담이 증가되고 결국 그 부담은 입주자에게 전가되겠지만 그렇다고 입주자 공동의 이익을 우선해야 하는 관리주체가 외면할 수 있는 문제는 아니라고 판단된다. 따라서, 관리주체인 피고는 이 사건 우수관 부분에 대한 관리의무가 인정되며, 관리의무를 제대로 수행하였다면 이 사건 사고를 충분히 예방하거나 피해 확대를 방지할 수 있었다는 점은 명백하여 피고의 관리의무 위반과 이 사건 사고 사이에 상당인과관계가 인정된다.

나) 아파트 위층, 아래층에 거주하는 원피고 사이에 발생한 층간소음 등으로 인한 분쟁에 관하여 각 손해배상책임을 인정한 판결(2014가단11809(본소), 2014가단18107(반소))

아파트 위층, 아래층에 거주하는 원 · 피고 사이에 발생한 층간소음 등으로 인한 분쟁에 관하여 각 손해배상책임을 인정한 판결로 본소의 경우에는 피고들의 초상권, 사생활의 비밀 침해로 인한 손해배상책임 일부 인정하였고, 반소의 경우에는 원고들의 층간소음발생으로 인한 손해배상책임 일부 인정하였다.

다) 아파트 위층이 층간소음을 유발하였는지 확인하지 않고서, 여러 차례 정신적 고통을 가한 아래층 거주자에게 손해배상을 명한 사례(2018가단103263)

공동주택인 아파트에 거주하는 피고로서는 이웃집에서 발생하는 통상적인 수준의 소음은 어느 정도 감내하여야 할 의무가 있고, 원고들 역시 마찬가지로 공동주택에 거주하고 있으므로 이웃을 배려하여 과다한 소음을 발생시키지 않을 의무가 있다고 할 것이다. 아파트 위층에 거주하는 원고들이 층간소음을 유발하였는지 여부를 제대로 확인도 해보지 아니한 채, 층간소음을 항의한다는 명목으로 위층을 찾아가 욕설을 하고, 위층에 수십 차례 인터폰으로 항의를 하며, 원고A의 직장에 민원을 제기하고, 위층의 아이들에게 '너희가 범인인 것 다 알아'라고 말하여 아이들에게 큰 정신적 충격을 주는 등 지속적으로 참기 힘든 정신적 고통을 가한 아래층 거주자(피고)에게 피해자별 각 100만 원씩 손해배상을 명한 사례이다.

라) 입대회가 단지내 스포츠센터 출입차량에 대하여 주차료를 징수하는 행위가 스포츠센터 소유자의 대지사용권을 침해하는 행위에 해당한다고 본 사례(2014나16571(본소), 2014나16588(반소))

1동의 건물의 구분소유자들이 그 건물의 대지를 공유하고 있는 경우, 각 구분소유자는 별도의 규약이 존재하는 등의 특별한 사정이 없는 한 그 대지에 대하여 가지는 공유지분의 비율에 관계없이 그 건물의 대지 전부를 용도에 따라 사용할 수 있는 적법한 권원을 가진다. 이러한 법리는 한 필지 또는 여러 필지의 토지 위에 축조된 수동의 건물의 구분소유자들이 그 토지를 공유하고 있는 경우에도 마찬가지로 적용된다(대법원 2012. 12. 13. 선고 2011다89910 판결 등 참조). 이와 같은 법리는 일반적인 공유물의 사용에 관한 민법 제263조가 집합건물 구분소유권의 성질에 부합하지 않음에 따라 인정되는 것으로서 이 사건과 같이 일단의 토지 위에 건축된 건물 대부분이 집합건물로 구분소유권의 객체이고 그중 일부는 그러하지 아니하지만 토지는 각 건물의 소유자들이 모두 공유하고 있는 경우에도 유추 적용되어야 한다. 따라서 원고들은 이 사건 대지의 공유자로서 이 사건 스포츠센터에 출근 또는 방문하기 위하여 사용되는 차량이 이 사건 대지를 출입, 통행, 주차하도록 하는 방법 등으로 이 사건 대지 전부를 용도에 따라 사용할 권리가 있다.

이 사건 스포츠센터 방문 차량에 대한 주차료 징수의 기준, 원고들과 피고 및 이 사건 아파트 입주자들의 이해득실, 기타의 제반 사정에 비추어 보면, 피고가 이 사건 스포츠센터를 방문, 출입하는 차량에 대하여 위와 같이 주차료를 징수하는 행위는 원고들의 이 사건 대지 사용권을 침해하는 행위에 해당한다.

마) 스프링클러의 관리주체 및 배관누수로 인한 피해보상(질의내용)

공동주택의 관리책임 및 비용부담은 관리규약으로 정하도록(공동주택관리법 시행령 제19조 제1항 제189호) 하고 있으므로 공용 및 전용 여부 등은 귀 공동주택 관리규약에 따라야 할 것으로 판단된다. 다만 스프링클러는 소화설비로서 공동주택의 입주민을 화재로부터 보호하기 위한 시설인 점, 비전문가인 각 가구에서 관리하기 어려운 점 등을 감안할 때 관리사무소에서 체계적으로 관리하는 것이 타당할 것으로 사료된다.

바) 자치관리를 하는 아파트 승강기의 정기검사를 해태한 형사책임의 주체(95도343)

승강기제조및관리에관한법률 제13조 제1항에 의하면 승강기의 소유자 또는 승강기관리업무를 대행하는 자는 정기검사 등을 받아야 하고 같은 법 제26조 제1호는 위 정기검사를 받지 아니한 자를 처벌한다고 규정하고 있으므로, 정기검사를 해태한 형사책임의 주체가 승강기의 소유자 또는 승강기관리업무를 대행하는 자임은 분명하다. 승강기의 정기검사를 받는 등의 승강기관리업무는 자치관리기구인 관리사무소의 관리책임하에 속한다 할 것이다. 그렇다면 이 사건 아파트의 입주자들은 이 사건 승강기의 공동소유자이기는 하나 법령에 의하여 관리책임을 면하므로 정기검사를 해태한 형사책임을 그들에게 지울 수 없음이 명백하고, 이 사건 승강기의 관리책임을 지는 관리사무소는 승강기제조및관리에관한법률에서 정기검사를 해태한 형사책임의 주체로 규정된 승강기의 소유자나 관리업무를 대행하는 자에 해당한다고 볼 수 없어 같은 법률 위반죄의 처벌의 대상으로 삼을 수 없으며, 더구나 관리책임도 없는 입주자대표회의가 정기검사를 해태한 형사책임의 주체가 된다고는 도저히 볼 수 없다.

사) 스프링클러 누수책임(질의내용)

아파트 7층 세대 스프링클러 누수 피해로 분쟁이 발생하고 있다. 당 아파트의 관리규약에 별표2 전용부분의 범위(제5조 제1항) 3항 "배관, 배선 및 닥트와 그외의 건물에 부속되는 설비 – 전용부분에 설치되어 있는 부분. 다만, 2세대 이상이 사용하는 배관, 배선 등은 공용부분으로 한다."고 규정되어 있다. 세대 스프링클러 배관이 전용부분인지 공용부분인지에 대한 질의로, 공동주택의 관리책임 및 비용부담은 관리규약으로 정하도록(공동주택관리법 시행령 제19조 제1항 제19호)하고 있으므로, 공용 및 전용 여부는 귀 공동주택 관리규약에 따라야 할 것으로 판단된다. 다만, 스프링클러는 소화설비로서(「공동주택관리법 시행규칙」별표1 제3호 라목 참조) 공동주택의 입주민을 화재로부터 보호하기 위한 시설인 점, 비전문가인 각 세대에서 관리하기 어려운 점 등을 감안할 때 관리사무소에서 체계적으로 관리하는 것이 타당할 것으로 사료된다.

아) 공용부 누수로 인한 세대 누수피해 재원항목 및 재원부담자(질의내용)

공동주택의 관리책임 및 비용부담에 관한 사항은 관리규약에 정하도록 하고 있으므로(공동주택관리법 시행령 제19조 제1항 제19호), 공용부분 누수로 인한 피해 보상에 관한 사항은 귀 공동주택 관리규약에 정한 바에 따라야 할 것이며 보다 자세한 사항은 공동주택 관리에 관한 지도·감독 권한이 있는 시청에 문의하면 된다.

(5) 리모델링 관련

가) 리모델링조합 임원의 동별 대표자 자격(질의내용)

공동주택 동별 대표자 결격사유는 「주택법 시행령」 제50조 제4항에서 규정하고 있으며, 리모델링조합 임원은 동별 대표자 결격사유에 해당하지 않으므로 동별 대표자가 될 수 있다. 다만, 귀 공동주택 관리규약으로 동별 대표자가 리모델링조합의 임원을 겸직할 수 없도록 규정하였다면, 동별 대표자 당선 후 리모델링조합 임원을 사임하는 것이 타당할 것으로 판단된다.

(6) 층간소음 관련

가) 공동주택 층간소음의 범위와 기준(질의내용)

공동주택의 입주자 및 사용자는 공동주택에서 발생하는 층간소음을 다음의 기준 이하가 되도록 노력해야 한다(「공동주택 층간소음의 범위와 기준에 관한 규칙」 제3조).

층간소음의 구분		층간소음의 기준[단위:dB(A)]	
		주간 (06:00~22:00)	야간 (22:00~06:00)
1. 제2조 제1호에 따른 직접충격 소음	1분간 등가소음도 (Leq)	43	38
	최고소음도 (Lmax)	57	52
2. 제2조 제2호에 따른 공기전달 소음	5분간 등가소음도 (Leq)	45	40

비고
1. 직접충격 소음은 1분간 등가소음도(Leq) 및 최고소음도(Lmax)로 평가하고, 공기전달 소음은 5분간 등가소음도(Leq)로 평가한다.
2. 위 표의 기준에도 불구하고 「주택법」 제2조 제3호에 따른 공동주택으로서 「건축법」 제11조에 따라 건축허가를 받은 공동주택과 2005년 6월 30일 이전에 「주택법」 제15조에 따

라 사업승인을 받은 공동주택의 직접충격 소음 기준에 대해서는 위 표 제1호에 따른 기준에 5dB(A)을 더한 값을 적용한다.

3. 층간소음의 측정방법은 「환경분야 시험ㆍ검사 등에 관한 법률」 제6조 제1항 제2호에 따라 환경부장관이 정하여 고시하는 소음ㆍ진동 관련 공정시험기준 중 동일 건물 내에서 사업장 소음을 측정하는 방법을 따르되, 1개 지점 이상에서 1시간 이상 측정하여야 한다.

4. 1분간 등가소음도(Leq) 및 5분간 등가소음도(Leq)는 비고 제3호에 따라 측정한 값 중 가장 높은 값으로 한다.

5. 최고소음도(Lmax)는 1시간에 3회 이상 초과할 경우 그 기준을 초과한 것으로 본다.

(7) 혼합주택단지 분쟁 관련

가) 분양ㆍ임대 혼합단지의 공동대표회의 구성 관련(질의내용)

분양ㆍ임대 혼합단지로서(분양 212세대, 임대 259세대), 분양세대는 동별 대표자 4명, 임대세대는 동별 대표자 3명을 선출하고 입주자대표회의 임원을 선출하지 않은 상태에서 분양세대와 임대세대의 공동대표회의를 구성하였는데 관련 사항이 주택법령에 위배되는지에 관한 질의로, 공동주택과 같은 분양ㆍ임대 혼합단지의 공동대표회의에 대하여 공동주택관리법령에는 별도로 정하고 있는 내용이 없으므로 질의의 내용은 공동주택관리법령 위반이 아니다. 다만, 분양세대는 입주자대표회의를 구성하고 임대주택에는 임차인대표회의를 구성하되, 공동사안에 대하여는 입주자대표회의, 임대사업자, 임차인대표회의 및 입주자등과 협의하여 처리하는 것이 바람직할 것이며, 귀 공동주택에서 관리규약으로 공동대표회의 구성에 대하여 정하고 있다면 그에 따라야 할 것으로 판단된다.

나) 임대와 분양이 혼재되는 경우 임대주택의 임차인이 입주자대표회의 구성에 참여할 수 있는지 여부(질의내용)

입주자대표회의는 「공동주택관리법」 제14조에 따라 분양주택의 입주자가 구성하여 운영할 수 있도록 되어 있으며, 임대를 목적으로 하는 공동주택(임대주택)의 임차인은 「민간임대주택에 관한 특별법」 제52조에 따라 임차인대표회의를 구성할 수 있는바,「공동주택관리법」제14조에 의하면 입주자대표회의의 구성원인 동별 대표자는 분양주택의 입주자(주택의 소유자)여야 하므로 임차인대표회의의 구성원인 임차인은 입주자대표회의 구성원이 될 수 없다. 다만, 분양주택과 임대주택이 혼재된 단지의 경우에도 임차인대표회의의 구성을 배제하고 있지 않으므로 귀 단지의 경우 입주자대표회의와는 별도로 임차인대표회의의 구성도 가능하며, 단지운영·관리시 각 대표회의의 권한 범위 내에서 상호 협의하여 처리할 수 있을 것으로 사료된다.

2) 중앙 공동주택관리 분쟁조정위원회

중앙 공동주택관리 분쟁조정위원회는 공동주택 관리분쟁 발생 시 당사자 간 상호 양해를 바탕으로 한 조정을 통해 공정·신속하게 해결하는 위원회로 변호사, 회계사, 주택관리사 등 15인의 전문가로 구성되어 있으며, 공동주택관리법 제71조(공동주택관리 분쟁조정위원회의 설치)에 근거하고 있다.

공동주택관리 분쟁위원회의 심의·조정 사항은 다음과 같다.
1. 입주자대표회의의 구성·운영 및 동별 대표자의 자격·선임·해임·임기에 관한 사항
2. 공동주택관리기구의 구성·운영 등에 관한 사항
3. 관리비·사용료 및 장기수선충당금 등의 징수·사용 등에 관한 사항
4. 공동주택(공용부분만 해당한다)의 유지·보수·개량 등에 관한 사항
5. 공동주택의 리모델링에 관한 사항
6. 공동주택의 층간소음에 관한 사항
7. 혼합주택단지에서의 분쟁에 관한 사항
8. 다른 법령에서 공동주택관리 분쟁조정위원회가 분쟁을 심의·조정할 수 있도록 한 사항
9. 그 밖에 공동주택의 관리와 관련하여 분쟁의 심의·조정이 필요하다고 대통령령 또는 시·군·구의 조례(지방분쟁조정위원회에 한정한다)로 정하

는 사항

상기 심의·조정 사항별 대표 조정사례는 다음과 같다.

(1) 입주자대표회의 및 동별대표자에 관한 사항

가) 입주자대표회의의 구성·운영 및 동별 대표자의 자격·선임·해임·임기에 관한 사항(동대표 자격)

○○아파트 단지내 상가 직원인 신청인은 같은 아파트 □□□동 동대표 보궐선거에 후보로 등록하였으나, 선거관리위원회에서는 관리규약에서 아파트와 관련하여 용역을 공급하는 자 및 종사자 그리고 수익사업(단지 내 상가포함)을 하는 자는 동별대표자가 될 수 없다는 관리규약의 겸임금지 조항을 사유로 신청인을 후보 부적격자로 공고하였다. 이에 신청인은 선거관리위원회의 결정이 부당하다고 주장하면서 중앙 공동주택관리 분쟁조정위원회에 분쟁조정을 신청하였다. 위원회에서는 해당 아파트의 겸임금지 조항이 공동주택관리법 및 동법 시행령에서 정하고 있는 동별 대표자 결격 사유에 해당한다고 볼 수 없으며, 관리규약을 통해 관련법령에서 정한 동별 대표자 결격 사유 이외에 다른 결격 사유를 정하는 것은 부적절하다는 국토교통부 유권해석 등을 통해 신청인의 피선거권이 회복되어야 하며, 더 나아가 관리규약의 개정 필요성을 안내하였다.

양 당사자는 위원회의 안내를 수용하고 신청인의 피선거권 회복 및 관리규약 개정에 합의하였다.

(2) 공동주택관리기구의 구성·운영 등에 관한 사항

가) 관리주체 운영 관련

□□아파트 입주자대표회의 및 관리주체는 아파트 화재보험 가입시 복수의 업체로부터 견적을 받아 보지 않고, 수의계약으로 업체를 선정하였으며, 소화기 구입을 위한 공급업체도 경쟁입찰이 아닌 수의계약으로 결정하였다. □□아파

트 입주민인 신청인은 경쟁입찰 방법으로 저렴한 업체를 선정하여 관리비를 절감할 수 있음에도 관리주체에서 수의계약으로 업체를 선정한 것은 부당하다고 주장하며 중앙 공동주택관리 분쟁조정위원회에 컨설팅을 요청하였다. 위원회에서는 주택관리업자 및 사업자 선정 지침에 따라 보험계약의 경우 수의계약이 가능하며 동지침에 반드시 2인 이상의 견적서를 받도록 정한 바가 없어 보험업체 선정과 관련하여 절차상 하자를 인정하기 어려우며, 소화기는 경쟁입찰 및 수의계약이 모두 가능한 공산품에 해당한다는 국토부 유권해석이 있음을 신청인에게 안내하였고, 신청인은 위원회의 컨설팅 내용을 수용하였고, 해당 사항에 대하여 더 이상 관리주체에게 민원을 제기하지 않기로 하였다.

(3) 관리비 · 사용료 징수 · 사용 등에 관한 사항

가) 테니스장 사용료 징수 등 관련

　　○○아파트 단지 내 테니스장을 과거부터 동호회에서 사용하면서 테니스장에서 발생한 공용전기료를 동호회에서 납부하여 왔으나, 테니스장 운영규정이 제정되면서 입주자에게 부과되었다. ○○아파트 입주민인 신청인은 테니스장 사용에 따라 공용부분에서 발생한 비용은 사용자부담원칙에 따라 동호회가 부담해야 한다고 주장하며 중앙 공동주택관리분쟁조정위원회에 분쟁조정을 신청하였다. 위원회에서는 당사자 모두 주민공동시설은 사용자 부담원칙에 의해 운영되어야 한다는 점에서는 의견이 일치하므로, 개별적 계량이 가능한 테니스장 전기료를 관리외비용으로 분리하고 동호회를 통해 단지내에 적립된 테니스장 관련 관리외 수익으로 해결하도록하여 별도로 입주자 등에게 전기료를 부과하지 않는 조정안을 제시하였고, 양 당사자는 조정안을 수락하여 조정이 성립되었다.

나) 과당징수 수도요금 반환 청구 관련

　　○○아파트에 거주하는 신청인 세대에 2018년 1월 수도요금이 579,930원,

2월 수도요금이 110,730원이 각각 부과되어 총 690,660원이 되었다(예년 관리비: 15만원대). 원인은 베란다 쪽 에어컨 실외기 누수로 관리사무소에서는 실외기 쪽이 12월경에 동파가 된 것으로 추정되며, 관리사무소에서는 1월 검침시 이를 확인하여 바로 알려주지 않고 2월 7일쯤 신청인에게 통지하였다. 신청인이 관리사무소에 전화를 해서 문의를 한 결과, 「1월 검침시 신청인에게 전화하였으나 전화 통화도 안 되고, 세대를 방문하였으나 문도 열어주지 않아서 부득이 검침된 대로 관리비를 부과하였으며, 이는 되돌릴 수 없으므로 납부 외에는 방법이 없다」고 하였다. 신청인은 1월 검침시 문제점을 즉각 통지하지 않은 관리사무소 측에서도 일부 책임이 있으며 따라서 관리비 전액 부과는 부당하다고 주장하며 2018. 9. 13. 분쟁조정을 신청하였다. 분쟁발생 초기, 신청인과 피신청인 측(관리주체)은 누수 및 손해발생의 책임과 원인에 대하여 상당한 이견으로 조정에 난항이 예상되었으나, 수차례에 걸친 면담 및 설득 진행 결과, 양 당사자는 상호 이해하는 합리적인 선으로 위원회 조정안이 제시할 경우 수락의사를 피력하였고, 그리하여 위원회에서는 총부과된 금액 중 정상 사용 추정요금을 제외한 나머지 초과 금액 중 신청인과 피신청인이 합의한 비율만큼 감액한 금액을 차후 아파트 수도요금에서 차감하는 방식으로 조정안을 제시하였고 양 당사자가 이를 수락하여 조정이 성립하였다.

(4) 공동주택의 유지 · 보수 · 개량 등에 관한 사항

가) 옥상누수 피해 관련

△△아파트 최상층에 거주하는 신청인은 옥상누수로 발생한 확장된 발코니 천장부분 피해에 대하여 피신청인(입주자대표회의)에게 원상 복구를 요청하였으나 피신청인은 불법으로 확장된 발코니 부분피해에 대한 원상 복구 의무가 없음을 주장하여 분쟁 조정을 신청하였다. 신청인은 천정 누수는 공용부분인 아파트 옥상에서 발생하여 전유부분에 피해를 입힌 것으로 피신청인에게 누수 피해에 대한 원상복구 책임이 있음을 주장하였으며, 피신청인은 신청인

세대의 누수된 발코니 천정 부분을 해체한 후 원인파악 및 보수는 가능하나 불법으로 확장된 발코니 천정에 대한 원상복구는 신청인에게 책임이 있음을 주장하는 등 양자 간에 상당한 대립이 지속되고 있었다.

위원회에서는 신청인에게는 누수로 인한 피해가 경미하고, 발코니 확장시 관리주체와 입주자 등에 동의를 받지 않았다는 점을 설명하고, 피신청인에게는 이번 사건을 계기로 옥상 방수 공사를 조속히 시행토록 하고 향후 누수 부위 점검을 위한 조치 방안으로 세대 천정에 점검구를 설치할 것을 제시하여 양 당사자간 합의를 유도하여, 결국 관리규약에 명시된 입주자와 관리주체의 의무 사항을 토대로 당사자들이 서로 양보할 수 있는 분위기가 조성되어 양 당사자간 사전합의가 성립되었다.

나) 공용배전반 소음 피해 관련

○○아파트 단지내 입주민인 신청인은 세대 침실 외벽 내부에 설치된 공용 배전반에서 발생하는 소음에 대해 근본적인 대책을 피신청인(입주자대표회의)에게 요구하였으나 피신청인은 부품 교체 등 관련 조치를 다하였으므로 더 이상의 책임이 없음을 주장하여 중앙 공동주택분쟁조정위원회에 분쟁조정을 신청하였다. 신청인은 침실 외벽 내부에 설치된 공용배전반에서 발생하는 소음·진동으로 인해 수면 방해 등의 피해를 입고 있었고 피신청인에게 공용배전반을 이전하거나 흡음·방음 처리 등의 조치를 취해줄 것을 요구하였고, 이에 반해 피신청인은 공용 배전함 이전설치는 절차 및 비용상 수용하기 어려우며 소음저감을 위해서는 신청인이 자체적으로 세대 내부에 흡음·방음 처리를 해야 함을 계속 주장하였다.

위원회에서는 사건 경위 및 피해 정도를 면밀히 조사하고 양 당사자의 의견을 주의 깊게 청취하였고, 사실조사 결과 공용배전반에서 실제 소음과 진동이 발생하고 있어 근본적인 원인을 파악하는 것이 분쟁 해결에 도움이 될 것이라고 판단한 후 전문조사관들의 의견을 바탕으로 공용 배전반 소음 저감 방안을 검토하였고 피신청인 측에 제시하였고, 신청인과 피신청인은 소음이 발생하는 공용배전반의 이전이 현실적으로 어려운 점을 이해하고 신청인 세대에 피해를 주는 공용배전반의 소음과 진동을 저감할 수 있는 방안으로 분쟁을 해결하기로 하는 합의안을 받아들여 분쟁이 원만하게 해결되었다.

다) 공용부분 콘크리트 조각 탈락으로 인한 차량 파손 손해 관련

1994년 사용 승인된 △△아파트에 아파트 계단실 외벽 콘크리트 조각이 탈락하여 주차되어 있는 신청인의 차량전면 유리 및 지붕이 파손되는 사건이 발생하였다. 사건 발생 다음날 관리사무소 직원과 현장을 확인한 후 관리사무소에 동 사건을 접수, 관리소 직원이 신청인에게 보험처리를 우선하고 영수증 제출을 요구하여 보험처리 및 자기부담금을 지급하고 관리소에 영수증을 제출하였으나, 입주자대표회의에서는 유사사례가 없다는 이유로 2차례에 걸쳐 손해배상을 거부하고, 보험사의 구상청구에 대하여는 소송판결에 따르기로 의결하였고, 보험사 구상청구 소송에 의거 구상금을 지급하였다. 신청인은 공용부분 관리책임 주체인 입주자대표회의에 장기간에 걸친 분쟁에 의한 정신적 위자료 및 자기부담금 보상을 주장하고, 피신청인은 유사사례가 없다는 이유로 손해배상을 거부하고 있는 상태로, 조사관은 공용부분 유지, 관리의 책임주체에 대한 판례 및 민법 제758조 제12항 '공작물의 설치 또는 보전상의 하자' 등을 설명하고, 관리규약에 따른 관리주체의 의무, 최근 유사 컨설팅 자료를 제시함과 동시에 분쟁조정 취지를 설명하고, 상호 간의 이해와 양보를 유도하여 양 당사자는 위원회가 제시한 합의안을 수락하여 사전합의가 성립되었다.

라) 공용부분 발코니 배수관 역류로 인한 피해 관련

△△아파트에 거주하는 신청인은 전면 발코니 배수관 역류로 발생한 피해에 대해 피신청인(입주자대표회의)에게 원상복구를 요청하였으나 피신청인은 발생원인이 명확하지 않은 피해내용에 대해 전적으로 책임을 인정할 수 없음을 주장하여 분쟁 조정을 신청하였다. 신청인은 피해발생의 원인이 공용부분

인 발코니 배수관 역류이므로 공용부분 관리에 책임이 있는 피신청인에게 누수 피해에 대한 전적인 원상복구 책임이 있음을 주장하였으며, 피신청인은 해당부분이 공용부분일지라도 사건발생당시 신청인의 조치미흡에 따른 피해확대와 지속적인 한파 등을 고려할 때 전적으로 관리주체의 책임으로만 단정할 수 없으며, 발생원인이 명확하지 않은 피해내용에 대해서는 인정할 수 없음을 주장하는 등 양자 간에 상당한 대립이 지속되고 있었다.

위원회에서는 신청인에게는 피해내용 중 당시 역류로 발생했다는 명확한 입증자료가 없는 사항은 피해내용에 포함시키기 어려우며, 공용부분의 관리책임은 관리주체라 하더라도 신청인의 조치지연 등에 따른 일부 책임이 있을 수 있음을 설명하고, 피신청인에게는 입주자대표회의 및 관리주체는 입주민의 안락한 생활을 위해 공용부분을 유지·관리해야 할 의무와 책임이 있음을 설명한 후 피해내용 중 발생원인이 명확한 마루부분에 한정하여 신청인이 일부 부담하고, 그 비용을 제외한 나머지(마루자재 포함)를 피신청인이 부담하여 원상복구할 것을 사전합의안으로 제시하였고, 결국 관리규약에 명시된 입주자와 관리주체의 의무 사항을 토대로 당사자들이 서로 양보할 수 있는 분위기가 조성되어 양 당사자간 사전합의가 성립되었다.

마) 발코니 난간 흔들림 및 벽체 훼손에 관한 책임 관련

△△아파트에 거주하는 신청인은 발코니 난간 흔들림과 벽체 훼손부위에 대해 공용부분이므로 피신청인(입주자대표회의)이 보수해 줄 것을 주장하였으나 피신청인은 관리규약상 해당부위는 전유부분에 해당하므로 보수의 책임이 없음을 주장하여 분쟁 조정을 신청하였다. 당시 관리규약에 난간과 관련하여 발코니 외벽에 설치된 경우와 일반 부대시설이나 옥상에 설치된 난간의 경우에 대해 전유부분과 공용부분으로 구분하여 명시가 되어 있었다. 이에 대해 신청인은 같은 난간인데 구분하여 규정이 되어 있는 이유를 납득할 수 없으며, 타지역은 모든 난간에 대해 공용부분으로 규정하고 있음을 이유로 해당부

분이 전유부분임을 인정하지 않았다.

위원회에서는 해당 규정에 대해 관리규약준칙을 담당하는 관할 지자체로 문의하여 명확한 구분을 확인한 후, 신청인에게 충분한 설명을 통해 납득을 시켰고, 다만 발코니 난간은 전유부분이나 난간이 고정되는 벽체 자체는 공용부분이므로 난간 흔들림에 대한 보수공사를 신청인이 먼저 시행하고, 주위 벽체 훼손부위에 대해 피신청인이 보수토록 사전합의안을 제시하여 결국 관리규약에 명시된 발코니 난간과 관련된 전유부분과 공용부분의 기준에 대한 명확한 이해를 토대로 당사자들이 서로 양보할 수 있는 분위기가 조성되어 양 당사자 간 사전합의가 성립되었다.

3) 하자심사 · 분쟁조정위원회

하자심사 · 분쟁조정위원회는 전 국민의 70% 이상이 거주하는 공동주택의 내력구조부와 시설공사별로 발생하는 하자로 인한 입주자의 피해를 하자심사 및 분쟁조정을 통하여 신속 · 공정하게 해결하고, 사업주체가 하자소송 등 분쟁으로 입는 경영손실을 최소화하는 등 국민의 쾌적한 주거생활 환경조성과 국가경제발전에 기여하기 위하여 공동주택관리법 제39조에 따라 국토교통부에 설치하였다.

심사대상은 「주택법」 제15조에 따라 사업계획승인을 받아 분양을 목적으로 건설한 공동주택, 「건축법」 제11조에 따른 건축허가를 받아 분양을 목적으로 건설한 공동주택, 집합건물의 소유 및 관리에 관한 법률에 따른 집합건물이다.

(1) 하자의 범위 및 하자담보책임기간

가) 하자의 범위

① 내력구조부의 하자

공동주택 구조체의 일부 또는 전부가 붕괴된 경우, 공동주택의 구조안전상 위험을 초래하거나 그 위험을 초래할 우려가 있는 정도의 균열·침하 등의 결함이 발생한 경우이다.

② 시설공사의 하자

공사상의 잘못으로 인한 균열·처짐·비틀림·들뜸·침하·파손·붕괴·누수·누출·탈락, 작동 또는 기능불량, 부착·접지 또는 결선(結線) 불량, 고사(枯死) 및 입상(立像) 불량 등이 발생하여 건축물 또는 시설물의 안전상·기능상 또는 미관상의 지장을 초래할 정도의 결함이 발생한 경우이다.

나) 하자담보책임기간(개정 2016.8.12. 제정 공동주택관리법)

① 내력구조부별 및 지반공사의 하자담보책임기간: 10년

※ 내력구조부란「건축법」제2조 제1항 제7호에 따른 건물의 주요구조부, 내력벽(耐力壁), 기둥, 바닥, 보, 지붕틀 및 주계단(主階段)을 말함.

② 시설공사별 하자담보책임기간:「공동주택관리법 시행령」제36조의 별표4는 [표 3−1]과 같다.

■ [표 3-1] **시설공사별 하자담보책임기간**

책임기간	시설공사	세부공종
2년	마감공사	미장공사, 수장공사, 도장공사, 도배공사, 타일공사, 석공사(건물내부공사), 옥내가구공사, 주방기구공사, 가전제품
3년	옥외급수 · 위생 관련공사	공동구공사, 저수조(물탱크)공사, 옥외위생(정화조) 관련 공사, 옥외 급수 관련 공사
	난방 · 냉방 · 환기, 공기조화 설비공사	열원기기설비공사, 공기조화기기설비공사, 닥트설비공사, 배관설비공사, 보온공사, 자동제어설비공사, 온돌공사(세대매립배관 포함), 냉방설비공사
	급 · 배수 및 위생설비공사	급수설비공사, 온수공급설비공사, 배수 · 통기설비공사, 위생기구설비공사, 특수설비공사

	가스설비공사	가스설비공사, 가스저장시설공사
	목공사	구조체 또는 바탕재공사, 수장목공사
	창호공사	창문틀 및 문짝공사, 창호철물공사, 창호유리공사, 커튼월공사
	조경공사	식재공사, 조경시설물공사, 관수 및 배수공사, 조경포장공사, 조경부대시설공사, 잔디심기공사, 조형물공상
	전기 및 전력설비공사	배관·배선공사, 피뢰침공사, 동력설비공사, 수·변전설비공사, 수·배전공사, 전기기기공사, 발전설비공사, 승강기설비공사, 인양기설비공사, 조명설비공사
	신재생 에너지 설비공사	태양열설비공사, 태양광설비공사, 지열설비공사, 풍력설비공사
	정보통신공사	통신·신호설비공사, TV공청설비공사, 감시제어설비공사, 가정자동화설비공사, 정보통신설비공사
	지능형 홈네트워크 설비공사	홈네트워크망공사, 홈네트워크기기공사, 단지공용시스템공사
	소방시설공사	소화설비공사, 제연설비공사, 방재설비공사, 자동화재탐지설비공사
	단열공사	벽체, 천장 및 바닥의 단열공사
	잡공사	옥내설비공사, 옥외설비공사, 금속공사
5년	대지조성공사	토공사, 석축공사, 옹벽공사(토목옹벽), 배수공사, 포장공사
	철근콘크리트공사	일반철근콘크리트공사, 특수콘크리트공사, 프리캐스트콘크리트공사, 옹벽공사(건축옹벽), 콘크리트공사
	철골공사	일반철골공사, 철골부대공사, 경량철골공사
	조적공사	일반벽돌공사, 점토벽돌공사, 블록공사, 석공사(건물외부 공사)
	지붕공사	지붕공사, 홈통 및 우수관공사
	방수공사	방수공사

※ 담보책임기간 기산일
- 전유부분: 입주자에게 인도한 날(등기부 등본상의 등기접수일)
- 공유부분: 사용검사일(=사용승인일)

(2) 하자보수 청구

가) 하자보수 청구권자

전유부분의 경우는 입주자가, 공용부분의 경우는 입주자대표회의, 관리주체(관리사무소장), 관리단(「집합건물의 소유 및 관리에 관한 법률」)에게 청구권이 있다.

나) 하자보수 절차

입주자대표회의 등은 공동주택에 하자가 발생한 경우에는 담보책임기간 내 사업주체에게 하자보수를 청구하여야 한다. 사업주체는 하자보수를 청구받은 날부터 15일 이내에 그 하자를 보수하거나 보수계획을 입주자대표회의 등에게 서면 통보하고 보수하여야 하고, 하자보수가 완료되면 사업주체는 즉시 그 보수결과를 하자보수를 청구한 입주자대표회의 등에 통보하여야 한다.

(3) 하자보수 종료

사업주체는 담보책임기간이 만료되기 30일 전 입주자대표회의에 서면으로 만료 예정일을 통보하여야 한다. 통보를 받은 입주자대표회의는 다음 각 호에 따른 조치를 하여야 한다. 전유부분은 담보책임기간이 만료되는 날까지 하자보수를 청구하도록 입주자에게 개별통지하고, 공동주택단지 안의 잘 보이는 게시판에 20일 이상 게시해야 한다. 공용부분은 담보책임기간이 만료되는 날까지 하자보수를 청구해야 한다. 사업주체는 지체 없이 보수하고 그 보수결과를 서면으로 입주자대표회의 등에 통보하여야 하고, 입주자대표회의 등은 보수결과를 통보받은 날부터 30일 이내에 이유를 명확히 기재한 서면으로 사업주체에게 이의를 제기할 수 있다. 사업주체와 입주자대표회의 등은 하자보수가 끝난 때에는 공동으로 담보책임 종료확인서를 작성하되, 전유부분은 입주자가, 공용부분은 입주자대표회의의 회장 또는 관리단이 작성을 한다.

(4) 하자보수보증금

가) 하자보수보증금의 예치

사업주체는 하자보수보증금을 예치하여야 한다. 다만, 국가·지방자치단체·한국토지주택공사 및 지방공사인 사업주체는 제외한다. 입주자대표회의 등은 제1항에 따른 하자보수보증금을 제39조에 따른 하자심사·분쟁조정위원회의 하자 여부 판정 등에 따른 하자보수비용 등 대통령령으로 정하는 용도로만 사용하여야 하며, 의무관리대상 공동주택의 경우에는 하자보수보증금의 사용 후 30일 이내에 그 사용내역을 국토교통부령으로 정하는 바에 따라 시장·군수·구청장에게 신고하여야 한다.

나) 사용검사 신청시 예치증서 제출

사업주체는 「주택법」 제49조에 따른 사용검사 신청서 공동주택단지 안의 공동주택 전부에 대하여 임시 사용승인을 신청하는 경우에는 임시 사용승인 신청서, 「건축법」 제22조에 따른 사용승인 신청서(공동주택단지 안의 공동주택 전부에 대하여 임시 사용승인을 신청하는 경우에는 임시 사용승인 신청서), 「민간임대주택에 관한 특별법」에 따른 양도신고서, 양도 허가신청서 또는 「공공주택 특별법」에 따른 분양전환 승인신청서, 분양전환 허가신청서, 분양전환 신고서 중 어느 하나에 해당하는 신청서를 사용검사권자에게 제출할 때에 현금 예치증서 또는 보증서를 함께 제출하여야 한다.

다) 하자보수보증금의 청구 및 관리

입주자대표회의는 사업주체가 하자보수를 이행하지 아니하는 경우에는 하자보수보증서 발급기관에 하자보수보증금의 지급을 청구할 수 있다. 이 경우 하자 여부 판정서, 하자심사·분쟁조정위원회가 송달한 조정서 정본, 법원의 판결서, 하자진단 결과통보서, 하자보수비용 및 그 산출명세서 등의 서류를 첨부하여야 한다.

하자보수보증서 발급기관은 하자보수보증금을 지급할 때에는 의무관리대상 공동주택은 입주자대표회의의 회장의 인감과 관리사무소장의 직인을 복수로 등록한 금융계좌에, 의무관리대상이 아닌 공동주택은 「집합건물의 소유 및 관리에 관한 법률」에 따른 관리인의 인감을 등록한 금융계좌(같은 법에 따른 관리위원회가 구성되어 있는 경우에는 그 위원회를 대표하는 자 1명과 관리인의 인감을 복수로 등록한 계좌)에 이체하는 방법으로 지급하여야 하며, 입주자대표회의는 그 금융계좌로 해당 하자보수보증금을 관리하여야 한다.

라) 하자보수보증금의 용도

입주자대표회의가 직접 보수하거나 제3자에게 보수하게 하는 데 사용되는 경우로서 하자 여부 판정서(재심의 결정서를 포함함) 정본에 따라 하자로 판정된 시설공사 등에 대한 하자보수비용, 하자심사·분쟁조정위원회가 송달한 조정서 정본에 따른 하자보수비용, 법원의 재판 결과에 따른 하자보수비용, 하자진단의 결과에 따른 하자보수비용 등 하자보수와 관련된 용도로 사용하여야 한다.

4) 주택임대차분쟁조정위원회

주택임대차분쟁조정위원회는 2017년 5월 설립된 이후 임대인과 임차인 사이의 주택임대차와 관련된 다양한 법률분쟁을 친절하고 신속하게 처리하고 있다. 서울과 수원, 대전, 대구, 부산, 광주 등 6개의 지부에 설치된 주택임대차분쟁조정위원회는 기본적인 사실관계와 법률적 쟁점을 조사하는 30여 명의 심사관과 조사관 등 사무국 직원들이 열정적으로 봉사하고 있으며, 전문성을 갖춘 조정위원들이 효율적으로 분쟁을 해결하고 있는 위원회이다.

위원회의 설립근거는 주택임대차보호법 제14조에 근거한다. 주택임대차와 관련된 분쟁을 심의·조정하기 위하여 대통령령으로 정하는 바에 따라 「법률구조법」 제8조에 따른 대한법률구조공단(이하 "공단"이라 한다)의 지부, 「한국토지주택공사법」에 따른 한국토지주택공사(이하 "공사"라 한다)의 지사 또는 사무소 및 「한국감정원법」에 따른 한국감정원(이하 "감정원"이라 한다)의 지사 또는 사무소에 주택임대차분쟁조정위원회(이하 "조정위원회"라 한다)를 둔다. 특별시·광역시·특별자치시·도 및 특별자치도(이하 "시·도"라 한다)는 그 지방자치단체의 실정을 고려하여 조정위원회를 둘 수 있다.

그리고, 임대차3법이 최근 2020년 7월 국회에 발의되었고, 법안이 통과되었습니다. 임대차3법은 전월세 신고제, 전월세 상한제, 계약갱신청구권이 핵심사항으로, 전월세 상한제와 계약갱신 청구권은 주택임대차 보호법을, 전월세 신고제는 부동산 거래신고 등에 관한 법률을 개정하는 것이다.

전월세 신고제는 지금까지 전월세 계약 시 신고를 하지 않아도 되었지만 앞으로는 전월세 거래 30일 이내 임대료, 보증금, 임대기간 등을 관할 지방자치단체에 신고해야 한다. 부동산 매매 시 공인중개사를 통하여 해당 지자체에 실거래신고를 하는 것처럼, 이제는 임대차 거래에도 신고를 해야 하는 것이다. 또한 주택임대차 계약을 신고하면 자동적으로 확정일자가 부여되기 때문에 임차인이 따로 주민센터에 확정일자를 받지 않아도 보증금 보호를 받을 수 있게 될 것이다. 전월세 신고제의 경우는 2021년 6월부터 시행될 예정이다.

전월세 상한제란 임대료 증액을 5%로 제한을 두는 것이다. 전세금이나 월세의 인상을 어느 정도 제한을 하는 법안이다. 주변 시세가 올랐다고 해서 갑자기 전세금 또는 월세를 올릴 수 없도록 전월세에 상한제를 두어 임차인을 보호하고자 하는 내용이다. 계약갱신 시 기존 임대료가 5%이상 증액을 못하거나 직전 연도 물가상승률을 넘지 못하도록 제한하게 되는 것이다. 임대료 상승 부분을 임차인이 예측할 수 있는 범위가 정해지는 것이기 때문에 임차인의 경우에 임대료의 상승에 대하여 계획적으로 세울 수 있고, 안정적으로 거주할 수 있다는 점은 있으나, 기존 계약이 끝나고 새로운 세입자를 받을 때 그 동안 올리진 못한 금액을 한꺼번에 올릴 수 있다는 한계도 존재한다. 전월세 상한제의 경우는 2020년 8월에 법 공포 시 즉시 시행되고 있다.

우리는 전세를 계약하고 살아가면 2년마다 갱신 또는 새로운 계약을 하는 것을 당연하게 생각하였다. 이제 계약갱신청구권의 법안이 통과되면서, 전세 계약이 만료가 되더라도 기존 세입자가 원한다면 동일한 조건으로 계약을 한 번 더 연장하게 된 것이다. 세입자의 경우 신규 입주일로부터 총 4년 동안 거 주할 수 있는 것이다. 과거에는 임대인이 임대차기간 만료 전 6개월~1개월에 계약 연장 여부를 통보하게 되어 있었는데, 이제는 임대인이 연장여부를 결정 할 권한이 없으며, 임차인의 의사에 따라 계약 연장이 가능해졌다. 다만 집주 인이 갱신을 거절할 수 있는 경우는 다음과 같다. 본인이나 직계존비속이 직 접 거주할 목적인 경우는 거부가 가능하다. 다만 집주인은 해당 주택에서 2년 간 의무로 거주를 해야 한다. 만일 신계약을 거부하고 직접 거주하지 않고 다 른 세입자를 구했을 경우에는 종전 세입자에게 손해배상을 해야 한다. 또한 거부할 수 있는 예외 조항을 살펴보면, 세입자가 2개월치 이상 월세를 연체했 을 경우, 세입자가 집주인 동의 없이 해당 집을 다시 세를 줬을 경우, 세입자 가 임차한 주택을 고의나 중대한 과실로 파손한 경우, 임차한 주택의 전부 또 는 일부가 멸실되어 집을 빌려줄 수 없는 상황인 경우, 서로 합의해 집주인이 세입자에게 상당한 보상을 제공한 경우 등에는 갱신 요구 거절 사유가 인정된 다. 계약갱신청구권은 2020년 8월에 법 공포 시 즉시 시행되고 있다.

(1) 차임 또는 보증금의 증감에 관한 분쟁

가) 묵시적 갱신과 보증금의 증액

임대인은 임차인에게 임차기간 만료시까지 20일이 남지 않은 상황에서 채 권적 전세계약을 월차임 지급의 임대차계약으로 변경하지 아니하면 채권적 전 세계약을 갱신하지 아니한다는 내용의 문자를 보냈으나 임차인은 채권적 전세계약이 묵시적 갱신되었음을 주장하였다. 신청인(임차인) 의견은 채권적 전세계약이 묵시적 갱신되어 전 임대차와 동일한 조건으로 다시 임대차한 것으로 보아야 하므로 임대인은 보증금의 증액을 주장할 수 없다는 것이다. 이에 반해 피신청인(임대인) 의견은 설령 채권적 전세계약이 묵시적 갱신되었더라도 보증금의 증액을 청구할 수 있으므로 보증금이 증액되어야 한다는 것이다. 쟁점은 임대인이 전세보증금의 증액을 주장할 수 있는지 여부이다.

관련 규정에는 주택임대차보호법 제6조(계약의 갱신) 제1항은 임대인이 임대차기간이 끝나기 6개월 전부터 1개월 전까지의 기간에 임차인에게 갱신거절(更新拒絶)의 통지를 하지 아니하거나 계약조건을 변경하지 아니하면 갱신하지 아니한다는 뜻의 통지를 하지 아니한 경우에는 그 기간이 끝난 때에 전 임대차와 동일한 조건으로 다시 임대차한 것으로 본다. 임차인이 임대차기간이 끝나기 1개월 전까지 통지하지 아니한 경우에도 또한 같다. 제2항은 제1항의 경우 임대차의 존속기간은 2년으로 본다. 또한, 주택임대차보호법 제7조(차임 등의 증감청구권) 당사자는 약정한 차임이나 보증금이 임차주택에 관한 조세, 공과금, 그 밖의 부담의 증감이나 경제사정의 변동으로 인하여 적절하지 아니하게 된 때에는 장래에 대하여 그 증감을 청구할 수 있다. 다만, 증액의 경우에는 대통령령으로 정하는 기준에 따른 비율을 초과하지 못한다는 것이다.

관련 판례에서는 주택임대차보호법 제7조에서 "약정한 차임 또는 보증금이 임차주택에 관한 조세·공과금 기타 부담의 증감이나 경제사정의 변동으로 인하여 상당하지 아니하게 된 때에는 당사자는 장래에 대하여 그 증감을 청구할 수 있다. 그러나 증액의 경우에는 대통령령이 정하는 기준에 따른 비율을 초과하지 못한다"고 정하고 있기는 하나, 위 규정은 임대차계약의 존속중 당사자 일방이 약정한 차임 등의 증감을 청구한 때에 한하여 적용되고, 임대차계약이 종료된 후 재계약을 하거나 또는 임대차계약 종료 전이라도 당사자의 합의로 차임 등이 증액된 경우에는 적용되지 않는다(대법원 2002. 6. 28. 선고 2002다23482 판결 참조).

조정결과는 임대인과 임차인은, 상호 합의에 의해 보증금 72,000,000원에서 3,600,000원{보증금(72,000,000원)의 1/20에 해당하는 금원}을 가산하여 75,600,000원으로 증액한다. 즉 채권적 전세계약이 묵시적 갱신되었다 하더라도 약정한 전세보증금이 경제적 사정의 변동으로 인하여 상당하지 아니하게 된 때에는 임대인은 보증금의 증액을 청구할 수 있고, 실제로 임차인이 거주하고 있는 지역의 전세 시세가 상승하여 경제적 사정의 변동이 있음을 알려줌으로써 임차인이 임대인의 보증금 증액 주장을 수용하도록 하였고 합의에 의한 보증금이 증액되는 경우 주택임대차보호법 제7조의 대통령령이 정하는 기준을 초과할 수 있으나 주택임대차보호법 제7조의 대통령령이 정하는 기준만큼 증액하도록 임대인을 설득하여 임차인과 임대인은 상호 합의하에 보증금을 증액하였다.

나) 기간 연장 합의 후 보증금 증액 요구

임차인과 임대인은 기간 1년(2015. 8. 29.부터 2016. 8. 29.까지), 보증금 300만원, 월차임 25만원으로 임대차계약을 체결한 후 1년이 지났을 무렵(2016. 8. 초순경)에 쌍방의 합의로 기간을 연장하고, 연장기간은 정하지 않은 채, 월차임을 30만원으로 증액하였다. 다시 1년이 지난 후인 2017년 8월 7일에 임대인이 월차임을 40만원으로 증액하거나 2017. 9. 29.자로 이 사건 임대차계약을 종료하자고 주장하는 상황이다. 신청인(임차인) 의견은 1년 전에 법정 한도를 초과하여 차임을 증액하였는데 다시 증액하는 것은 부당하므로 이를 받아들일 수 없으며, 이 사건 임대차계약은 묵시적으로 갱신되어 그 기간이 2019. 8. 29.까지이므로 계약을 종료하자는 피신청인의 주장을 받아들일 수 없다는 것이고, 피신청인(임대인) 의견은 설령 채권적 전세계약이 묵시적 갱신되었더라도 보증금의 증액을 청구할 수 있으므로 보증금이 증액되어야 하는 것이다. 쟁점은 차임의 증액을 거부하고 이 사건 임대차계약의 기간이 2019. 8. 29.까지라고 주장할 수 있는지 여부이다.

관련 규정은 다음과 같다. 주택임대차보호법 제7조(차임 등의 증감청구권) 당사자는 약정한 차임이나 보증금이 임차주택에 관한 조세, 공과금, 그 밖의 부담의 증감이나 경제사정의 변동으로 인하여 적절하지 아니하게 된 때에는 장래에 대하여 그 증감을 청구할 수 있지만, 증액의 경우에는 대통령령으로 정하는 기준에 따른 비율을 초과하지 못한다는 것이다. 또한 주택임대차보호법 제8조(차임 등 증액청구의 기준 등) 제1항은 법 제7조에 따른 차임이나 보증금(이하 "차임등"이라 한다)의 증액청구는 약정한 차임등의 20분의 1의 금액을 초과하지 못한다. 제2항은 제1항에 따른 증액청구는 임대차계약 또는 약정한 차임등의 증액이 있은 후 1년 이내에는 하지 못하며, 주택임대차보호법 제6조 (계약의 갱신) 제1항은 임대인이 임대차기간이 끝나기 6개월 전부터 1개월 전 까지의 기간에 임차인에게 갱신거절의 통지를 하지 아니하거나 계약조건을 변경하지 아니하면 갱신하지 아니한다는 뜻의 통지를 하지 아니한 경우에는 그 기간이 끝난 때에 전 임대차와 동일한 조건으로 다시 임대차한 것으로 본다. 임차인이 임대차기간이 끝나기 1개월 전까지 통지하지 아니한 경우에도 또한 같다. 제2항은 제1항의 경우 임대차의 존속기간은 2년으로 본다는 것이다.

관련 판례는 주택임대차보호법 제7조에서 "약정한 차임 또는 보증금이 임차주택에 관한 조세·공과금 기타 부담의 증감이나 경제사정의 변동으로 인하여 상당하지 아니하게 된 때에는 당사자는 장래에 대하여 그 증감을 청구할 수 있다. 그러나 증액의 경우에는 대통령령이 정하는 기준에 따른 비율을 초과하지 못한다"고 정하고 있기는 하나, 위 규정은 임대차계약의 존속 중 당사자 일방이 약정한 차임 등의 증감을 청구한 때에 한하여 적용되고, 임대차계약이 종료된 후 재계약을 하거나 또는 임대차계약 종료 전이라도 당사자의 합의로 차임 등이 증액된 경우에는 적용되지 않다고 판시하였고(대법원 2002. 6. 28. 선고 2002다23482 판결 참조), 주택임대차보호법 제6조 제1항에 따라 임대차계약이 묵시적으로 갱신되면 그 임대차기간은 같은 법 제6조 제2항, 제4조 제1항에 따라 2년으로 된다(대법원 2002. 9. 24. 선고 2002다41633 판결).

조정결과에 따른 조정주문의 첫 번째는 신청인과 피신청인은 임대차계약의 기간을 2019. 2. 28.까지로 연장한다. 두 번째는 제1항의 임대차계약의 보증금을 2017. 9. 29.부터 400만원으로 하며, 신청인은 증액된 보증금 100만원을 2017. 9. 29.까지 피신청인에게 지급한다. 세 번째는 제1항의 임대차계약의 월차임을 2017. 8. 29.부터 32만원, 지급시기를 매월 29일(선불)로 한다. 네 번째는 제3항과 관련하여 신청인은 피신청인에게 2017. 8. 29.에 지급하였어야 할 32만원 중 이미 지급한 30만원을 공제한 2만원을 2017. 9. 29.까지 지급한다. 다섯 번째는 제3항의 월차임은 2019. 2. 28.까지 증액하지 아니한다.

조정의 실익은 첫 번째로 보증금과 차임의 증액한도는 일방 당사자가 증액청구권을 행사한 경우에 적용되는 것이며, 쌍방의 합의로 증액하는 경우에는 적용되지 않는데 이 사건 주택의 인근 거래시세를 감안할 때 증액의 사유가 있음이 인정되었다. 두번째로 주택임대차계약이 묵시적으로 갱신된 경우 연장된 기간은 2년으로 간주되는데, 이 사건 임대차계약처럼 최초의 계약기간이 2년 미만으로 정해지고, 그 기간이 만료될 무렵 계약기간의 연장에 대하여는 쌍방이 동의하면서도 연장 기간에 대해서는 별도의 합의가 없었던 경우 최초의 계약기간의 만료일을 언제로 볼 것인지(계약의 시작일로부터 계약서상의 기간인 1년과 단기임대차의 2년 의제 규정에 따른 2년 중 어느 기간이 경과한 시점을 만료일로 볼 것인지가 문제됨)가 불명확하다. 따라서 계약기간의 만료일을 합의가 이루어지는 시점을 기준으로 1년 6개월 후로 정하고, 보증금과 차임은 법정한도를 초과하여 증액하되, 주변의 시세보다는 다소 저렴한 수준으로 하기로 합의가 이루어졌다.

다) 보증금 증액 요구와 묵시적 갱신

임차인과 임대인은 2013. 10. 임대차계약을 체결하였고, 위 계약은 2015. 10. 묵시적으로 갱신되었음. B는 2017. 11. A에게 차임을 300,000원 증액할 것을 요구하였다. 신청인(임차인) 의견은 임대차계약이 2017. 10. 이미 재차 묵시적으로 갱신되었으므로, 임대인이 일방적으로 차임을 증액할 수는 없다는 것이고, 피신청인(임대인) 의견은 임대인은 2017. 9.부터 차임 증액을 요구하였으나 임차인이 만남을 회피하여 같은 해 11월에 직접 만나 이를 논의할 수 있었던 것이므로 실제로는 9월에 이미 증액 요구를 한 것인바, 묵시적 갱신은 이루어지지 않았다. 따라서 차임을 증액하여 재계약을 체결할 수 있다는 것이다. 쟁점은 임대차계약이 이전 조건과 동일하게 묵시적으로 갱신되었다고 볼 수 있는지 여부이다.

관련 규정은 다음과 같다. 주택임대차보호법 제7조(차임 등의 증감청구권) 당사자는 약정한 차임이나 보증금이 임차주택에 관한 조세, 공과금, 그 밖의 부담의 증감이나 경제사정의 변동으로 인하여 적절하지 아니하게 된 때에는 장래에 대하여 그 증감을 청구할 수 있다. 다만, 증액의 경우에는 대통령령으로 정하는 기준에 따른 비율을 초과하지 못한다. 주택임대차보호법 제6조(계약의 갱신) 제1항은 임대인이 임대차기간이 끝나기 6개월 전부터 1개월 전까지의 기간에 임차인에게 갱신거절의 통지를 하지 아니하거나 계약조건을 변경하지 아니하면 갱신하지 아니한다는 뜻의 통지를 하지 아니한 경우에는 그 기간이 끝난 때에 전 임대차와 동일한 조건으로 다시 임대차한 것으로 본다. 임차인이 임대차기간이 끝나기 1개월 전까지 통지하지 아니한 경우에도 또한 같다. 제2항은 제1항의 경우 임대차의 존속기간은 2년으로 본다.

관련 판례는 다음과 같다. 구 주택임대차보호법(1999. 1. 21. 법률 제5641호로 개정되기 전의 것, 이하 같다) 제4조 제1항에 "기간의 정함이 없거나 기간을 2년 미만으로 정한 임대차는 그 기간을 2년으로 본다"라고 규정하고 있고, 같은 법 제6조 제1항에 "임대인이 임대차기간 만료 전 6월부터 1월까지에 임차인에 대하여 갱신거절의 통지 또는 조건을 변경하지 아니하면 갱신하지 아니한다는 뜻의 통지를 하지 아니한 경우에는 그 기간이 만료된 때에 전임대차와 동일한 조건으로 다시 임대차한 것으로 본다. 이 경우에 임대차의 존속기간은 그 정함이 없는 것으로 본다"라고 규정하고 있다. 따라서 위 법 제6조 제1항에 따라 임대차계약이 묵시적으로 갱신되면 그 임대차기간은 같은 법 제4조 제1항에 따라 2년으로 된다. 위 사실관계를 앞서 본 법리에 비추어 보면, 원고와 피고 사이에 이 ○○아파트에 관한 임대차계약은 유효하게 성립하였고, 그 임대차기간은 구 주택임대차보호법 제4조 제1항에 따라 2년으로 되어 묵시적으로 갱신되어 오다가 만료일이 2006. 6. 14.로 되었으며, 위 만료일로부터 1개월 내인 2006. 5. 25.자 피고의 해지 통지는 구 주택임대차보호법 제6조 제1항에 위배되어 효력이 없으므로 위 임대차계약은 2006. 6. 15. 이후에도 종전과 동일한 조건으로 2년간 갱신된 것으로 보아야 할 것이다(대법원 2012. 1. 27. 선고 2010다59660 판결 참조).

조정주문은 당사자 사이에서 원만히 합의가 이루어져 신청인이 조정신청을 취하한다(화해취하)는 것이다. 조정실익은 피신청인이 2017. 9. 신청인에게 차임을 증액하지 않으면 계약을 갱신하지 않는다는 뜻을 통지하였는지 여부, 만일 통지하였다면 그 통지가 정확히 어느 시점에 이루어졌는지(계약기간 만료 1개월 전까지 이루어졌는지)에 관하여 양 당사자의 주장이 크게 대립하였다. 그러나 조정 과정에서 신청인이 2018. 10.까지 목적물에 거주하고 싶다는 의사를 밝혔고 피신청인도 그때까지라면 차임을 증액하지 않겠다고 하여, 2018. 10.까지 차임의 증액 없이 임대차계약을 유지하기로 양 당사자 간의 화해가 이루어져 신청인이 조정신청을 취하하였다.

(2) 임대차 기간에 관한 분쟁

가) 임대차 계약이 묵시적 갱신된 경우 그 기간 및 중도 해지 가부

임차인과 임대인은 2015. 2. 10. 이 사건 주택에 관하여 보증금 10,000,000원, 차임 월 700,000원, 기간 2015. 2. 26.부터 2016. 2. 25.까지 1년으로 하는 임대차 계약을 체결하였다. 이 사건 임대차 계약은 당사자 간 별도의 의사표시 없이 존속되었고, 위 계약 체결일로부터 약 2년 4개월이 지난 2017. 6. 20. 임차인은 임대인에게 이 사건 임대차 계약의 해지를 통지한 상태이다. 신청인

(임차인) 의견은 이 사건 임대차 계약은 임대차 계약 시작일로부터 2년이 되는 2016. 2. 26. 묵시적으로 갱신되었으므로, 임차인은 언제든지 위 계약을 해지할 수 있는 것이고, 피신청인(임대인) 의견은 이 사건 임대차 계약의 존속기간은 2016. 2. 26. 묵시적 갱신된 날로부터 2년이므로, 임차이이 중도에 해지할 수 없는 것이다. 쟁점은 임대차 계약이 묵시적 갱신된 경우 그 기간 및 중도 해지 여부이다.

관련 규정은 다음과 같다. 주택임대차보호법 제6조(계약의 갱신) 제1항은 임대인이 임대차기간이 끝나기 6개월 전부터 1개월 전까지의 기간에 임차인에게 갱신거절의 통지를 하지 아니하거나 계약조건을 변경하지 아니하면 갱신하지 아니한다는 뜻의 통지를 하지 아니한 경우에는 그 기간이 끝난 때에 전 임대차와 동일한 조건으로 다시 임대차한 것으로 본다. 임차인이 임대차기간이 끝나기 1개월 전까지 통지하지 아니한 경우에도 또한 같다. 제2항은 제1항의 경우 임대차의 존속기간은 2년으로 본다. 주택임대차보호법 제6조의2(묵시적 갱신의 경우 계약의 해지) 제1항은 제6조 제1항에 따라 계약이 갱신된 경우 같은 조 제2항에도 불구하고 임차인은 언제든지 임대인에게 계약해지를 통지할 수 있다. 제2항은 제1항에 따른 해지는 임대인이 그 통지를 받은 날부터 3개월이 지나면 그 효력이 발생한다.

관련 판례는 다음과 같다. 주택임대차보호법 제6조 제1항에 따라 임대차 계약이 묵시적으로 갱신되면 그 임대차 기간은 같은 법 제6조 제2항, 제4조 제1항에 따라 2년으로 된다(대법원 1992. 1. 17. 선고 91다25017 판결). 이 사건 임대차 계약은 묵시적으로 갱신된 뒤 2년의 임대차 기간이 만료되지 아니하였고, 임대인인 원고가 위 임대차 기간의 만료 이전에 이 사건 임대차 계약의 해지통고를 하였다고 하더라도 그 효력이 없다(대법원 2002. 9. 24. 선고 2002다41633 판결).

위 내용을 근거로, 신청인과 피신청인은 이 사건 주택에 관하여 체결된 임대차 계약이 2017. 9. 19. 종료되었음을 확인한다. 피신청인은 2017. 12. 31.까지 신청인에게 10,000,000원을 지급하되, 만일 이를 지체할 경우 2018. 1. 1. 부터 다 갚는 날까지 연 15%의 비율에 의한 돈을 가산하여 지급한다.

조정실익은 임대차 계약이 묵시적 갱신된 경우 임대인은 2년의 기간에 구속되어 중도에 해지할 수 없으나, 임차인의 경우 주택임대차보호법 제6조의2 제1항에 의하여 언제든지 계약해지를 통지할 수 있는 것이고, 위 해지 통지의 효력은 임대인이 그 통지를 받은 날로부터 3개월이 지난 때 발생한다는 판례와 관련 법규 등을 양 당사자에게 충분히 설명하여, 이 사건 임대차 계약이 임차인이 계약해지를 통지한 날로부터 3개월이 지난 2017. 9. 19. 이미 종료되었다는 점을 상호 확인하도록 한 것이다. 다만, 임대인의 보증금반환채무 변제자력을 고려하여 임차인을 설득한 결과, 위 이행기를 2017. 12. 31.까지로 유예하여 주되, 이행을 독려하기 위하여 위 이행기 다음날부터는 연 15%의 비율에 의한 지연손해금을 가산하기로 하는 합의안을 도출한 것이다.

나) 1년 계약기간 후 임대차기간 종료 여부

임차인과 임대인이 임대차기간을 1년으로 한 임대차계약을 체결한 후(1차 임대차계약) 그 기간 만료 전 다시 기간을 1년으로 한 임대차계약을 체결하였다(2차 임대차계약). 임대인은 임차인에게 1차 임대차계약을 기준으로 하면 임대차기간이 종료되었으므로, 계약기간만료를 이유로 월세 전환 또는 주택명도를 요구한 상황이다. 신청인(임차인) 의견은 1차 임대차계약기간 만료 전 2차 임대차계약을 체결하였으므로 2차 임대차계약을 기준으로 주임법 제4조 제1항에 의해 2년이 보장된 것이고, 피신청인(임대인) 의견은 1차 임대차계약을 기준으로 주임법 제4조 제1항에 의해 2년 경과시 임대차기간은 종료된다는 것이다. 쟁점은 임대차계약을 기준으로 주임법상 임대차기간 2년을 보장받을 수 있는지 여부이다.

관련 규정은 다음과 같다. 주택임임대차보호법 제4조(임대차기간 등) 제1항은 기간을 정하지 아니하거나 2년 미만으로 정한 임대차는 그 기간을 2년으로 본다. 다만, 임차인은 2년 미만으로 정한 기간이 유효함을 주장할 수 있다.

　　관련 판례는 다음과 같다. 주택임대차보호법 제4조 제1항의 적용을 배제하고 2년 미만으로 정한 임대차기간의 만료를 주장할 수 있는 것은 임차인 스스로 그 약정 임대차 기간이 만료되어 임대차가 종료되었음을 이유로 그 종료에 터잡은 임차보증금 반환채권 등의 권리를 행사하는 경우에 한정되고, 임차인이 2년 미만의 약정 임대차기간이 만료되고 다시 임대차가 묵시적으로 갱신되었다는 이유로 새로운 2년간의 임대차의 존속을 주장하는 경우까지 주택임대차보호법이 보장하고 있는 기간보다 짧은 약정 임대차기간을 주장할 수는 없다(대법원 1996. 4. 26. 선고 96다5551, 5568판결 참조).

　　위 내용을 근거로, 신청인은 2차 임대차계약을 기준으로 2년의 임대차기간을 보장받고 피신청인은 보증금 700만원을 증액하는 것으로 조정하여 성립하였다. 이에 따라 임차인은 원하는 기간까지 거주할 수 있고 임대인은 보증금을 증액하여 양당사자 모두 만족할 만한 합의점을 도출한 것이다.

다) 기간을 정하지 아니한 임대차계약

　　임대인과 임차인은 임대차계약 당시 계약기간을 정하지 아니하고 임대차계약을 체결하였고 임차인은 임대차 목적물을 인도받고 전입신고를 하고 같은 날 임대차계약서에 확정일자를 받았다. 임대차 계약이 체결된지 2년이 경과된 후 임대차 목적물의 소유자가 변경되었고, 새로운 소유자는 임대차기간이 종료되었음을 이유로 임차인에게 퇴거를 요구하는 상황이다. 신청인(임차인) 의견은 기간을 정하지 아니한 임대차계약은 2년이며, 전 소유자인 임대인 A와의 사이에 갱신거절 등의 의사를 표시한 바 없어 묵시적 갱신이 되어 다시 임대차 기간이 2년이 되었고 새로운 소유자 C는 여전히 임대차계약상 계약기간을 준수하여야 한다는 의견이고, 피신청인(변경된 소유자) 의견은 전 소유자인 임대인 A와의 사이에 임대차계약은 2년으로 종료되었고 새로운 소유자인 자신에게는 묵시적 갱신을 이유로 임대차계약기간의 존속을 주장할 수 없다는 의견이다. 쟁점은 임차인은 임대차계약 당시 기존 소유자와의 묵시적 갱신을 이유로 조정신청의 피신청인이 새로운 소유자에게 임대차계약기간의 존속을 주장할 수 있는지 여부이다.

관련 규정은 다음과 같다. 주택임대차보호법 제4조(임대기간 등) 제1항은 기간을 정하지 아니하거나 2년 미만으로 정한 임대차는 그 기간을 2년으로 본다. 다만, 임차인은 2년 미만으로 정한 기간이 유효함을 주장할 수 있다. 주택임대차보호법 제6조(계약의 갱신) 제1항은 임대인이 임대차기간이 끝나기 6개월 전부터 1개월 전까지의 기간에 임차인에게 갱신거절의 통지를 하지 아니하거나 계약조건을 변경하지 아니하면 갱신하지 아니한다는 뜻의 통지를 하지 아니한 경우에는 그 기간이 끝난 때에 전 임대차와 동일한 조건으로 다시 임대차한 것으로 본다. 임차인이 임대차기간이 끝나기 1개월 전까지 통지하지 아니한 경우에도 또한 같다. 제2항은 제1항의 경우 임대차의 존속기간은 2년으로 본다. 주택임대차보호법 제3조(대항력 등) 제1항은 임대차는 그 등기가 없는 경우에도 임차인이 주택의 인도와 주민등록을 마친 때에는 그 다음 날부터 제3자에 대하여 효력이 생긴다. 이 경우 전입신고를 한 때에 주민등록이 된 것으로 본다. 제4항은 임차주택의 양수인은 임대인의 지위를 승계한 것으로 본다.

관련 판례는 다음과 같다. 주택임대차보호법 제6조 제1항에 따라 임대차계약이 묵시적으로 갱신되면 그 임대차기간은 같은 법 제6조 제2항, 제4조 제1항에 따라 2년으로 된다(대법원 1992. 1. 17. 선고 91다25017 판결 참조). 주택임대차보호법 제3조 제3항은 같은 조 제1항이 정한 대항요건을 갖춘 임대차의 목적이 된 임대주택(이하 '임대주택'은 주택임대차보호법의 적용대상인 임대주택을 가리킨다)의 양수인은 임대인의 지위를 승계한 것으로 본다고 규정하고 있는바, 이는 법률상의 당연승계 규정으로 보아야 하므로, 임대주택이 양도된 경우에 양수인은 주택의 소유권과 결합하여 임대인의 임대차 계약상의 권리·의무 일체를 그대로 승계하며, 그 결과 양수인이 임대차보증금반환채무를 면책적으로 인수하고,

양도인은 임대차관계에서 탈퇴하여 임차인에 대한 임대차보증금반환채무를 면하게 된다(대법원 2013. 1. 17. 선고 2011다49523 전원합의체 판결 참조).

위 내용을 근거로, 신청인과 피신청인(변경된 소유자) 양자간의 이 사건 임대차 목적물에 관한 임대차계약이 2017. ○. ○.부로 종료(해지)되었음을 확인하였고, 신청인과 피신청인은 이 사건 임대차계약의 종료(해지)와 관련하여 피신청인이 신청인에게 지급할 손해배상금(이사비용 등)은 400,000원임을 상호 확인하였다. 이러한 조정을 통하여 임대인(임대차계약 당시 소유자)과 임차인 사이에 계약기간을 정하지 아니하고 임대차계약을 체결한 경우 임대차기간은 2년이 되며, 2년이 경과된 경우 묵시적 갱신으로 다시 2년의 임대차계약이 됨을 피신청인에게 설명하였다. 또한 변경된 소유자에게 당해 임대차 목적물의 소유권을 취득함으로써 임대인의 의무를 승계한다는 내용의 주택임대차보호법의 내용을 안내하여, 피신청인은 임차인과 임대차계약을 종료시키기 위해 합의해지의 방법을 선택하고 임차인에게 이사비용으로 금원을 지급하기로 협의하여 원만하게 분쟁이 종결된 것이다.

라) 계약기간을 2년 미만으로 정한 임대차의 기간

임차인과 임대인은 2016. 10. 8. 임대인 소유 주택에 관하여 임대차 기간을 2016. 10. 19.부터 2017. 10. 18.까지(12개월)로 정하여 임대차계약을 체결하였다. B는 2017. 10. 18. A에게 계약기간의 만료를 통보하고 차임을 인상하여 재계약을 체결할 것을 요구를 한 상태이다. 신청인(임차인) 의견은 계약 당시 임대차 기간을 1년으로 정하였더라도 그 기간은 최소 2년으로 보장되어야 하고, 그 기간 내에 임대인이 일방적으로 차임을 증액할 수는 없는 것이고, 피신청인(변경된 소유자) 의견은 계약 당시 임대차 기간을 1년으로 정하였으므로 계약 상대방인 임차인은 이를 준수하여야 한다는 것이다. 쟁점은 임대차계약 기간을 2년 미만으로 정하였더라도 그 기간이 2년으로 의제되는지 여부이다.

관련 규정은 다음과 같다. 주택임대차보호법 제4조(임대차기간 등) 제1항은 기간을 정하지 아니하거나 2년 미만으로 정한 임대차는 그 기간을 2년으로 본다. 다만, 임차인은 2년 미만으로 정한 기간이 유효함을 주장할 수 있다.

관련 판례는 다음과 같다. 주택임대차보호법 제4조 제1항은 같은 법 제10조의 취지에 비추어 보면 임차인의 보호를 위하여 최소한 2년간의 임대차기간을 보장하여 주려는 규정이라고 할 것이다(대법원 1996. 4. 26. 선고 96다5551, 5568 판결 참조).

위 내용을 근거로, 신청인과 피신청인은, 별지 목록 기재 부동산에 관한 양자간의 2016. 10. 8.자 주택임대차계약은 2018. 10. 18. 종료됨을 상호 확인하였다. 또한 조정실익은 피신청인은 계약기간의 만료에 따른 계약 종료를 이유로 하여 차임의 증액을 주장하였으나, 주택임대차보호법 제4조 제1항의 내용과 그 입법 취지에 따라서 양 당사자 간 임대차계약의 기간은 2년으로 보아야 한다는 설명을 들은 뒤에는 이에 수긍하였다. 그리하여 임대차계약의 기간 및 종료일을 상호 확인하는 내용의 조정이 원만하게 성립하게 된 것이다.

(3) 보증금 또는 임차주택의 반환에 관한 분쟁

가) 보증금 잔존하는 경우에도 차임 연체로 인한 해지 가부

임차인과 임대인은 2016. 1. 이 사건 주택에 관하여 보증금 2,000,000원, 차임 월 330,000원, 기간 2016. 2. 1.부터 2017. 1. 31.까지 1년으로 하는 임대차 계약을 체결하였다. 이 사건 임대차 계약은 당사자 간 별도의 의사표시 없이 존속되고 있었고, 임차인은 2017. 8.부터 차임을 연체하고 있다. 임대인은 2기 이상의 차임 연체를 이유로 임차인에게 이 사건 임대차 계약의 해지를 통지하고, 이 사건 주택의 인도 및 인도완료일까지의 차임 지급을 청구한 상태이다. 신청인(임차인) 의견은 신청인은 피신청인의 2기 이상의 차임 연체를 이유로 이 사건 임대차 계약을 즉시 해지할 수 있고, 피신청인에게 주택의 인도 및 인도완료일까지의 차임 지급을 구할 수 있는 것이고, 피신청인(임대인) 의견은 월 차임을 2기 이상 연체하고 있다는 사실은 인정하나, 연체 차임의 합계액은 보증금 2,000,000원에 미치지 못하므로, 보증금이 잔존하고 있는 한 신청인은 이 사건 임대차 계약을 해지할 수 없는 것이다. 쟁점은 연체 차임을 상회하는 보증금이 잔존하고 있는 경우에도 임대인은 2기 이상의 차임 연체를 이유로 인제든지 계약 해지를 주장할 수 있는지 여부이다.

관련 규정은 다음과 같다. 민법 제640조(차임연체와 해지) 건물 기타 공작물의 임대차에는 임차인의 차임연체액이 2기의 차임액에 달하는 때에는 임대인은 계약을 해지할 수 있다.

관련 판례는 다음과 같다. 임대차보증금으로 연체 차임 등 임대차 관계에서 발생하는 피고의 모든 채무가 담보된다 하여 피고가 그 보증금의 존재를 이유로 차임의 지급을 거절하거나 그 연체에 따른 채무불이행 책임을 면할 수는 없다(대법원 1994. 9. 9. 선고 94다4417 판결). 민법이 특히 차임의 연체액이 2기의 차임액에 달하면 임대인이 임대차계약의 해지를 할 수 있는 것으로 규정한 취지는 다른 여러 가지 규정을 통하여 임차인을 강력하게 보호하는 반면에 임차인에게도 성실한 차임지급 의무를 이행할 것을 요구하는 것으로 생각되므로 민법 640조에 의한 임대차 계약해지의 경우에는 계약일반의 해지의 경우와는 달리 임대인의 최고절차가 필요없다(대법원 1962. 10. 11. 선고 62다496 판결).

관련 내용을 근거로 하여, 신청인과 피신청인은 이 사건 주택에 관하여 양자 간에 체결된 임대차 계약을 2018. 1. 31. 종료하기로 합의한다. 피신청인은 2018. 1. 31. 신청인에게 제1항 기재 주택을 인도하도록 조정하였다. 이러한 조정실익은 임차인의 2기 이상의 차임 연체가 있을 경우, 임대인은 별도의 최고 절차 없이 즉시 계약을 해지할 수 있는 것이고, 이는 이 사건의 경우와 같이 연체 차임을 상회하는 임차보증금이 잔존하고 있다고 하더라도 같다는 점을 확인한 것이다. 다만 이 사건의 경우 임대차계약 종료일이 얼마 남지 않았으므로 임대차계약을 중도에 해지할 필요성이 크지 않은 것으로 판단되어 신청인을 설득한 결과 이 사건 임대차계약을 중도에 해지하지 않고 당초 계약 만료일인 2018. 1. 31.까지 유지하기로 하고, 위 날짜에 피신청인은 신청인으로부터 임대차 보증금에서 그간의 미납 월 차임 및 인도 완료일까지의 월 차임, 관리비 등을 공제하고 남은 잔액을 반환받음과 동시에 신청인에게 이 사건 부동산을 인도하도록 하는 합의안을 도출한 것이다.

나) 보증금에서 공제할 연체차임 액수에 관한 분쟁

임차인이 사망하자 임차인의 상속인들이 임대인에게 임대차보증금 2,000만원의 반환을 청구하였다. 이에 임대인은 망인 생전에 구두로 차임지급약정을 하였으나 망인이 이를 지급하지 않았으므로 보증금에서 연체차임 등으로 600만원을 공제하겠다는 이유로 보증금 반환에 불응하였다. 임대인은 차임약정 사실을 입증할 만한 증거가 없는 상황인 것이다. 신청인(임차인) 의견은 임차인이 사망하였으므로 임대인은 임차인의 상속인들에게 임대차보증금을 반환하여야 하고, 망인과 임대인간 차임 지급 약정이 있었다는 증거가 없으므로 그 금액을 임대차보증금에서 공제할 수 없다는 것이고, 피신청인(임대인) 의견은 망인과 차임을 지급받기로 구두로 약정하였으나 망인이 사망시까지 한 번도 이를 지급하지 아니하였으므로 보증금에서 연체차임을 공제하고자 한 것이다. 쟁점은 임대인이 차임을 보증금에서 공제하고 지급할 수 있는지(연체차임 발생원인에 관한 주장·증명책임의 소재) 여부이다.

관련 규정은 다음과 같다. 민법 제618조(임대차의 의의)는 임대차는 당사자 일방이 상대방에게 목적물을 사용, 수익하게 할 것을 약정하고 상대방이 이에 대하여 차임을 지급할 것을 약정함으로써 그 효력이 생긴다.

관련 판례는 다음과 같다. 임대차계약의 경우 임대차보증금에서 그 피담보채무 등을 공제하려면 임대인으로서는 그 피담보채무인 연체차임, 연체관리비 등을 임대차보증금에서 공제하여야 한다는 주장을 하여야 하고, 나아가 그 임대차보증금에서 공제될 차임채권, 관리비채권 등의 발생원인에 관하여 주장·입증을 하여야 하는 것이며, 다만 그 발생한 채권이 변제 등의 이유로 소멸하였는지에 관하여는 임차인이 주장·입증책임을 부담한다(대법원 2005. 9. 28. 선고 2005다8323 판결 참조).

위 내용을 근거로, 보증금에서 공제할 금액을 상호 양보하여 130만원으로 정하고, 나머지 보증금을 약정기한 내에 반환하기로 조정하였다. 이러한 조정의 실익은 불필요한 소송을 방지하고 분쟁을 빠르게 해결하여 상호 만족하는 결과를 얻게 했다는 것이다.

다) 보증금의 반환과 주택의 인도

임차인과 임대인은 임대차계약을 체결한 후 계약기간이 경과하자 임대인에게 보증금의 반환을 요구하였으나 임대인은 임차인이 임대차 목적물인 주택에서 퇴거하기는 하였으나 여전히 짐을 남겨 두고 현관 번호키의 비밀번호를 알려주지 않아 당해 주택에 출입할 수 없어 보증금을 반환할 수 없다고 주장한 것이다. 신청인(임차인) 의견은 이미 임대차 목적물에서 퇴거를 하였으므로 임대인은 보증금을 반환하여야 하며, 보증금을 반환받는 즉시 남은 짐을 옮기고 현관 번호키의 비밀번호를 알려주겠다는 의견이고, 피신청인(임대인) 의견은 임대차 목적물에서 퇴거하기는 하였으나 아직 임차인의 짐이 남아있고 현관 번호키의 비밀번호를 알려주지 않아 임대주택에 출입할 수 없으므로 짐을 옮기고 번호키를 알려주면 보증금을 반환하겠다는 의견이다. 쟁점은 임차인은 주택에서 퇴거했음을 이유로 보증금 반환을 주장할 수 있는지 여부이다.

관련 규정은 다음과 같다. 민법 제536조(동시이행의 항변권) 제1항은 쌍무계약의 당사자 일방은 상대방이 그 채무이행을 제공할 때까지 자기의 채무이행을 거절할 수 있다. 그러나 상대방의 채무가 변제기에 있지 아니하는 때에는 그러하지 아니하다.

관련 판례는 다음과 같다. 임대차계약의 종료에 의하여 발생된 임차인의 목적물반환의무와 임대인의 연체차임을 공제한 나머지 보증금의 반환의무는 동시이행의 관계에 있으므로, 임대차계약 종료 후에도 임차인이 동시이행의 항변권을 행사하여 임차건물을 계속 점유하여 온 것이라면, 임대인이 임차인에게 보증금반환의무를 이행하였다거나 현실적인 이행의 제공을 하여 임차인의 건물명도의무가 지체에 빠지는 등의 사유로 동시이행의 항변권을 상실하지 않는 이상, 임차인의 건물에 대한 점유는 불법점유라고 할 수 없으며, 따라서 임차인으로서는 이에 대한 손해배상의무도 없다(대법원 1998. 5. 29. 선고 98다6497 판결 참조).

부동산매매에 있어서는 당사자가 특히 부동산 인도와 관계없이 잔대금 지급기일을 정한 것이거나 다른 특약이 있는 등 특별한 사정이 없다면 매매부동산의 인도도 그 잔대금지급의무와 동시이행의 관계에 있다고 할 것인바(대법원 1980. 7. 8. 선고 80다725 판결 참조), 매매목적물이 부동산인 경우에 있어서 그 사용·수익권의 취득은 매수인에게 있어 매매의 중요한 효과인 점을 고려하면, 특히 토지의 경우와 달리 건물의 경우 단순히 소유권이전등기에 필요한 서류를 건네주는 것 외에 당해 건물을 비워주고 건물 열쇠를 넘겨주는 등으로 건물을 인도하는 것까지가 매도인의 의무라 할 것이다(대전지방법원 2012. 7. 26. 선고 2012나4839(본소), 2012나8824(반소) 판결 참조).

위 내용을 근거로, 임차인은 2017. ○. ○. 임대인으로부터 30,000,000원을 지급받음과 동시에, 임대인에게 이 사건 건물을 인도하도록 조정하였다. 이러한 조정은 임차인의 임대차 목적물 반환의무와 임대인의 보증금 반환의무는 동시이행관계에 있으며, 임차인은 아직 짐을 옮기지 않았고, 해당 주택의 현관 번호키 비밀번호를 임대인에게 알려주지 아니한 것은 임대차 목적물을 반환한 것이 아님을 임차인에게 설명하고, 임차인은 이를 수긍하고 자신의 짐을 옮기고 임대인에게 현관 번호키의 비밀번호를 알려주기로 양보하여 분쟁이 종료된 점에 실익이 있다.

그리고, 차임 미지급으로 인한 임대차 계약 해지와 관련한 분쟁으로, 임대인은 임차인이 월차임 및 공과금을 2년여 간 지급하지 아니하여 임대차계약을 해지하고자 하였으나 임차인과 연락이 되지 않는 상황이다. 신청인(임차인) 의견은 임대인은 임차인의 사정을 고려하여 차임지급이 늦어져도 기다렸으나 밀린 차임이 2년여 분에 달하고 임차인과 연락이 되지 않아 임대차계약을 종료하고 밀린 차임을 지급받기를 원하는 것이고, 피신청인(임대인) 의견은 현재 임차주택에서 거주하지 않고 있는 상황이어서 짐만 정리하면 되나 자금사정이 좋지 않아 밀린 월세 400만 원 가량을 일시금으로 지급하기 어렵다는 것이다. 쟁점은 임대인에게 계약해지권이 발생하였는지 여부이다.

관련 규정은 다음과 같다. 민법 제640조(차임연체와 해지)는 건물 기타 공작물의 임대차에는 임차인의 차임연체액이 2기의 차임액에 달하는 때에는 임대인은 계약을 해지할 수 있도록 규정하고 있다.

관련 판례는 다음과 같다. 건물에 관한 임대차계약이 종료된 이후 이를 건물임대인에게 반환하지 않고 그대로 계속 점유·사용하는 자는 그 점유기간 동안 건물의 사용·수익에 따른 차임 상당액을 부당이득으로 반환할 의무가 있다(대법원 2012. 5. 10. 선고 2012다4633 판결).

위 내용을 근거로, 신청인과 피신청인은, 당사자 간 2014. 6. 6.자 충남 ○○시 ○○동 282-○○ 지상의 주택 ○㎡에 대한 임대차계약에 관하여 2017. 8. 25. 종료되었음을 확인한다. 피신청인은 신청인에게 2017. 11. 1.부터 2020. 2. 29.까지 매월 말일 150,000원씩 지급하도록 조정하였다. 임대인은 임차인이 차임을 연체하고 연락이 두절되는 경우에도 임대주택에 함부로 들어갈 수 없고, 소송을 통해서 임차주택을 반환받을 수밖에 없었는데 조정을 통해 적은 비용과 시간으로 임차주택을 반환받을 수 있었다. 임차인은 연체차임이 400만 원에 달하였으나 일시금으로 지급할 수 있는 경제적 여건이 되지 않았는바, 조정을 통해 임대인과 합의하여 이를 정기금으로 지급할 수 있게 되었다.

라) 보증금 등 반환의무의 발생

청각장애가 있는 임차인은 임대인으로부터 이 사건 주택을 2년의 기간을 약정하여 임차하고, 계약기간 종료 후에도 계속 거주하다 2015. 3. 27. 양 당사자의 합의로 보증금을 500만 원 더 증액한 후 2016. 6. 23.자로 이사하여 주택을 인도하였으나, 조정신청일 현재까지 보증금을 반환받지 못하고 있는 상태이다. 신청인(임차인) 의견은 묵시적 갱신 중에 이사를 완료한 지 3월 이상 경과하였으므로, 보증금 및 지연이자를 반환하여야 한다는 것이고, 피신청인(임대인) 의견은 보증금을 증액할 당시 2년 재계약이 된 것이고, 임차인이 이사를 하면서 통지도 제대로 하지 않았으므로, 보증금은 별론으로 하고 지연이자는 지급할 수 없다는 것이다. 쟁점은 임차인은 임대인에게 보증금 및 지연이자의 반환을 주장할 수 있는지 여부이다.

관련 규정은 다음과 같다. 주택임대차보호법 제6조(계약의 갱신) 제1항은 임대인이 임대차기간이 끝나기 6개월 전부터 1개월 전까지의 기간에 임차인에게 갱신거절의 통지를 하지 아니하거나 계약조건을 변경하지 아니하면 갱신하지 아니한다는 뜻의 통지를 하지 아니한 경우에는 그 기간이 끝난 때에 전 임대차와 동일한 조건으로 다시 임대차한 것으로 본다. 임차인이 임대차기간이 끝나기 1개월 전까지 통지하지 아니한 경우에도 또한 같다. 동법 제6조의2(묵시적 갱신의 경우 계약의 해지) 제1항은 제6조 제1항에 따라 계약이 갱신된 경우 같은 조 제2항에도 불구하고 임차인은 언제든지 임대인에게 계약해지를 통지할 수 있다. 제2항은 제1항에 따른 해지는 임대인이 그 통지를 받은 날부터 3개월이 지나면 그 효력이 발생한다.

관련 판례는 다음과 같다. 피고는 2009. 3. 20. 원고와 화성시 소재 대지 및 지상건물에 관하여 보증금 10,000,000원, 차임 월 3,000,000원, 임대차기간이 사건 부동산 명도일(2009. 3. 20.)부터 24개월로 정하여 임대차계약을 체결하였고, 그 무렵 원고에게 위 보증금을 모두 지급하였다. 이후 원고와 피고는 차임을 2011년 7월경 월 3,500,000원으로, 2012년 10월경 월 4,000,000원으로 각 증액하였다. 피고는 이 사건 부동산에서 공장을 운영하다가 2013년 10월경 위 공장을 다른 곳으로 이전하였다. 민법 제639조 제1항에 의하면, 임대차기간이 만료한 후 임차인이 임차물의 사용·수익을 계속하는 경우에 임대인이 상당한 기간 내에 이의를 제기하지 아니한 때에는 전 임대차와 동일한 조건으로 다시 임대차한 것으로 보나, 당사자는 제635조의 규정에 의하여 해지의 통고를 할 수 있다. 민법 제635조 제2항 제1호에 의하면, 토지, 건물 기타 공작물에 대하여는 임차인이 해지를 통고한 경우 상대방이 통고받은 날로부터 1개월이 경과하면 해지의 효력이 생긴다. …(중략)… 앞서 본 것처럼 이 사건 임대차계약은 민법 제639조 제1항에 따라 묵시의 갱신이 되었고, 임차인인 피고는 2013. 12. 17. 임대인인 원고에게 위 임대차계약 해지 통고를 하여 그 무렵 도달하였으므로, 그로부터 1개월이 경과한 2014년 1월 중순경 해지의 효력이 발생하여 이 사건 임대차계약이 종료되었다고 봄이 상당하다(수원지방법원 2017. 11. 17. 선고 2017가단18800 판결 참조).

위 내용을 근거로, 신청인과 피신청인은 별지 목록 기재 부동산의 5층 중 별지 도면 표시 ㄱ, ㄴ, ㄷ, ㄹ, ㅁ의 각 점을 차례로 연결한 선내 (가)부분 주택에 관하여 2012. 02. 27. 체결된 임대차계약에 관하여 다음과 같이 합의한다. 피신청인은 신청인에게, 2018. 01. 05.에 지연이자 500,000원을, 2018. 02. 05.에 지연이자 500,000원을, 2018. 03. 05.에 잔여보증금 35,000,000원 및 지연이자 500,000원을, 각 지급한다. 만일 위 지급을 지체하면 그 지급을 지체한 금원에 대하여 2018. 03. 06.부터 다 갚는 날까지 연 10%의 비율로 계산한 돈을 가산하여 지급한다. 피신청인이 제2항 기재 의무를 1회라도 불이행할 시에, 피신청인은 신청인에게 잔액을 일시에 상환한다. 신청인은 나머지 신청을 포기한다. 피신청인은, 주택임대차보호법 제26조 제4항에 따라, 제2항에 기재된 사항을 강제집행할 수 있음을 승낙한다. 이러한 조정의 실익은 이 사건 임대인은 주위적으로, 보증금 증액 당시 2년 재계약이 체결된 것이므로 보증금의 반환시기가 2017. 03. 27.이라는 주장과 함께 예비적으로, 묵시적 갱신이라 하더라도 임차인으로부터 이사를 통지받은 사실이 없음을 주장하며 향후 3개월에 걸쳐 보증금만을 반환할 의견을 개진하였으나, 위 판시 내용과 달리, 임대인의 주위적 주장사실을 그대로 받아들이더라도 보증금 3,500만 원에 대한 법정이자 연 5%의 비율로 계산한 지연이자(=약 170만원)가 발생한다는 점을 설명하고, 이에 그보다 적은 지연이자의 총합 150만 원(=50만 원 × 3개월)만을 보증금에 가산하여 지급하는 것을 내용으로 하는 합의안에 임대인과 임차인이 모두 동의하여 합의가 성립하였으며, 오랜 기간 보증금을 돌려받지 못해 미음고생을 한 임차인은 소송보다 신속하게 지연이자까지 받게 되었다.

마) 계약 해지에 따른 보증금의 반환

임차인과 임대인은 단독주택의 지층(반지하)에 관하여 임대차계약을 체결하였다. 임차인은 위 주택에 입주한 당일 장판 아래의 누수를 발견하였고 곧바로 B에게 그 사실을 알렸으나, 임대인은 지하 방은 원래 다 그런 것이라고 말하며 별도의 조치를 취하여 주지 않았다. 이에 신청인(임차인) 의견은 누수로 인하여 거주가 불가능하므로 임대차계약을 해지하겠다. 그에 따라서 임대인은 보증금을 반환하고 손해배상(이사 비용 및 중개수수료)을 해야 한다는 것이고, 피신청인(임대인) 의견은 임차인은 계약 체결 전에 방을 꼼꼼히 살펴보았기 때문에 뒤늦게 임대차 목적물을 흠잡는 것은 부당하다는 것이다. 쟁점은 하자의 정도가 목적물의 사용·수익을 불가능하게 할 정도여서 계약 해지 사유에 해당하는지 여부 및 그에 따라서 임대인이 보증금을 반환하여야 하는지 여부이다.

관련 규정은 다음과 같다. 민법 제623조(임대인의 의무)는 임대인은 목적물을 임차인에게 인도하고 계약존속 중 그 사용, 수익에 필요한 상태를 유지하게 할 의무를 부담한다. 민법 제544조(이행지체와 해제)는 당사자 일방이 그 채무를 이행하지 아니하는 때에는 상대방은 상당한 기간을 정하여 그 이행을 최고하고 그 기간 내에 이행하지 아니한 때에는 계약을 해제할 수 있다. 그러나 채무자가 미리 이행하지 아니할 의사를 표시한 경우에는 최고를 요하지 아니한다.

관련 판례는 다음과 같다. 피고가 목욕탕 영업을 위하여 원고로부터 이 사건 건물을 임차할 당시부터 보일러 버너 및 과열기 등의 고장, 온수파이프의 노후, 부식으로 인한 누수 등 목욕탕 영업을 정상적으로 할 수 없을 정도의 하자가 있었는데도 임대인인 원고가 이를 전면적으로 수리하여 피고가 위 건물을 사용, 수익하는 데 필요한 상태를 유지시켜 줄 의무를 이행하지 아니하여, 피고가 이를 이유로 원고에 대하여 임대차계약 해지 통지를 함으로써 위 건물 임대차계약이 유효하게 해지되었다고 한 원심의 사실인정과 판단은 원심판결이 설시한 증거관계에 비추어 정당한 것으로 수긍이 되고, 그 과정에 소론과 같이 채증법칙을 위반하여 사실을 오인하는 등의 위법이 있다고 볼 수 없다 (대법원 1991. 10. 25. 선고 91다22605 판결 참조).

위 내용을 근거로, 피신청인은 2018. 3. 22.까지 신청인으로부터 별지 기재 건물을 인도받음과 동시에 금 50,350,000원에서 위 인도일까지의 전기·수도요금 및 관리비를 공제한 금원을 지급한다. 신청인은 2018. 3. 22.까지 피신청인으로부터 제1항 기재 금원을 지급받음과 동시에 피신청인에게 별지 기재 건물을 인도한다. 신청인과 피신청인은, 별지 기재 건물에 관한 양자 간의 임대차계약과 관련하여 본 조정합의사항 이외에 서로에 대해 어떠한 채권·채무도 없음을 확인하고, 향후 서로에 대하여 이와 관련한 재판상, 재판외 청구 또는 이의제기를 하지 아니한다. 신청인과 피신청인은, 주택임대차보호법 제26조 제4항에 따라 위 제1항, 제2항에 기재한 사항은 강제집행할 수 있음을 상호 승낙하도록 조정하였다.

이는 현장 조사 결과 누수가 상당히 심각하여 신청인이 목적물을 사용·수익하기 어려운 상황인 것으로 확인되었고, 위 사실을 바탕으로 하여, 양 당사자 사이의 임대차계약을 조속히 종료하고 목적물과 보증금을 상호 반환하되 피신청인은 손해배상으로서 이사 비용 350,000원을 추가로 지급하기로 하는 내용의 조정이 성립하였다.

(4) 임차주택의 유지·수선 의무에 관한 분쟁

가) 임차주택에 대한 유지·수선의무를 임차인이 부담하도록 하는 특약의 효력

임차인과 임대인은 2017. 10. 7. 이 사건 임대차 계약 체결 당시 '이 사건 주택에 관한 모든 수리비용은 임차인의 책임으로 한다'는 특약을 임대차 계약서에 기재함. 임차인은 보증금 및 월 차임을 지급한 후 이 사건 주택에 거주하기 위하여 주택의 상태를 확인하던 중, 수도 계량기와 보일러에 하자가 있음을 발견하게 되었고, 임대인에게 그 수리를 요청하였다. 신청인(임차인) 의견은 이 사건 주택에 대한 모든 수리의무를 임차인에게 부담시키는 특약은 효력이 없으므로, 임차인은 임대인이 이 사건 주택에 관한 수리의무를 이행하지 않고 있음을 들어 이 사건 임대차 계약을 해지하고 보증금 및 미리 지급한 차임을 반환받을 수 있다는 것이고, 피신청인(임대인) 의견은 임차인이 이 사건 주택에 관한 모든 수리의무를 부담하기로 한 특약은 유효하므로, 임대인은 이 사건 주택에 대한 수리의무를 부담할 필요가 없다는 것이다. 쟁점은 임대차 목적물에 관한 모든 유지·수선의무를 임차인이 부담하도록 하는 특약의 효력 여부이다.

관련 규정은 다음과 같다. 민법 제623조(임대인의 의무) 임대인은 목적물을 임차인에게 인도하고 계약존속 중 그 사용, 수익에 필요한 상태를 유지하게 할 의무를 부담한다.

관련 판례는 다음과 같다. 임대인의 수선의무는 특약에 의하여 이를 면제하거나 임차인의 부담으로 돌릴 수 있으나, 그러한 특약에서 수선의무의 범위를 명시하고 있는 등의 특별한 사정이 없는 한 그러한 특약에 의하여 임대인이 수선의무를 면하거나 임차인이 그 수선의무를 부담하게 되는 것은 통상 생길 수 있는 파손의 수선 등 소규모의 수선에 한한다 할 것이고, 대파손의 수리, 건물의 주요 구성부분에 대한 대수선, 기본적 설비부분의 교체 등과 같은 대규모의 수선은 이에 포함되지 아니하고 여전히 임대인이 그 수선의무를 부담한다(대법원 1994. 12. 9. 선고 94다34692, 94다34708 판결).

위 내용을 근거로, 신청인과 피신청인은 2017. 10. 7. 이 사건 주택에 관하여 양자 간에 체결된 임대차 계약이 2017. 11. 9. 종료되었음을 확인한다. 피신청인은 2017. 11. 30.까지 신청인에게 1,050,000원을 지급하되, 만일 이를지체할 경우 2017. 12. 1.부터 다 갚는 날까지 연 15%의 비율에 의한 지연손해금을 가산하여 지급한다.

이는 임대차 목적물에 대하여 임차인에게 모든 유지·수선의무를 부담시키는 특약은 거래 관계에서 상대적 약자의 위치에 있는 임차인에게 부당한 의무를 지우는 것으로서 효력이 없다고 볼 수 있음을 확인한 것이다. 다만 이 사건의 경우 임대인은 임차인의 요구에 따라 이 사건 주택에 대한 수리를 마쳐 주었으나, 임차인은 이 사건 주택의 수리 중 다른 주택에 대한 임대차 계약을 체결하게 되어 임대인에게 이 사건 임대차계약의 해지를 통지하였고, 임대인은 당사자 사이에 임대차 계약이 더 이상 유지될 수 없다고 판단하여 이 사건 임대차 계약을 합의 하에 해지하기로 하였다. 임차인인 신청인은 스리랑카 국민으로서 대한민국 언어 사용이 능숙하지 못하고, 주택임대차 관련 법률적 지식이 부족하여 전문적 도움을 받고자 이 사건 신청을 하게 된 것이고, 분쟁조정위원회가 양 당사자에게 관련 법리 등에 대하여 충분히 설명하고 설득한 결과 이 사건 임대차 계약을 원만하게 종료하는 합의안을 도출하게 된 것이다.

나) 수선의무 면제 특약

임차인과 임대인은 건축한지 30여년 되는 주택에 관하여 임대차계약을 체결하였는데 임차인이 동 주택에 거주하는 동안 결로현상으로 인한 습기로 방벽과 천정에 심하게 곰팡이가 발생하고 장롱에도 곰팡이가 옮겨 발생하였는데, 임차인의 곰팡이 등에 대한 수선요구에 임대인은 환기를 충분히 하지 않아서 곰팡이가 발생하였다면서 수선요구에 응하지 아니하는 상황이다. 신청인(임차인) 의견은 임대차목적을 달성할 수 없을 정도의 목적물에 하자가 발생하였고 이에 대한 수리도 이루어지지 아니하므로 임대차계약을 해지하겠다는 것이고, 피신청인(임대인) 의견은 노후된 주택이므로 어느 정도의 하자는 예상하고 서로 임대차계약을 체결하였고 해당 주택에 발생한 곰팡이는 임차인이 환기를 충분히 하지 아니하여 발생한 것이므로 자신은 수선의무가 없다는 것이다. 쟁점은 임대인은 결로현상으로 인한 곰팡이 발생에 대한 수선의무를 부담하는지 여부이다.

관련 규정은 다음과 같다. 민법 제623조(임대인의 의무) 임대인은 목적물을 임차인에게 인도하고 계약존속 중 그 사용, 수익에 필요한 상태를 유지하게 할 의무를 부담한다.

관련 판례는 다음과 같다. 임대차계약에서 임대인은 목적물을 계약 존속 중 사용·수익에 필요한 상태를 유지할 의무를 부담하므로, 목적물에 파손 또는 장해가 생긴 경우 그것이 임차인이 별 비용을 들이지 아니하고도 손쉽게 고칠 수 있을 정도의 사소한 것이어서 임차인의 사용·수익을 방해할 정도의 것이 아니라면 임대인은 수선의무를 부담하지 않지만, 그것을 수선하지 아니하면 임차인이 계약에 의하여 정해진 목적에 따라 사용·수익할 수 없는 상태로 될 정도의 것이라면 임대인은 수선의무를 부담한다.

임차인 갑이 가구전시장으로 임차하여 사용하던 건물 바닥에 결로현상이 발생하자 임대인 을을 상대로 임대목적물 하자에 따른 손해배상을 청구한 사안에서, 감정인의 감정서 등에 비추어 위 건물에는 구조상 바닥 밑 단열과 방습조치가 되어 있지 않은 하자가 있어 여름형 결로현상이 발생할 수밖에 없고, 을은 임대차계약 체결 당시 갑이 건물을 가구전시장으로 임차한 사실을 알고 있었으므로, 갑의 요구에 따라 건물 바닥에 나타난 습기의 발생 원인을 조사하고 이를 제거하기 위하여 제습기 또는 공조시설 등을 설치하거나 바닥 공사를 하여 주는 등 조치를 취함으로써 갑이 사용·수익할 수 있는 상태를 유지하여 줄 의무가 있는데도, 이와 달리 건물이 일반적 용도로 사용하는 데 하자가 없다고 단정하여 위 청구를 배척한 원심판결에 임대차 목적물에 대한 임대인의 수선의무에 관한 법리오해 등 위법이 있다고 한 사례이다(대법원

2012. 6. 14. 선고 2010다89876, 89883 판결 참조).

위 내용을 근거로, 임차인과 임대인은 양자간의 이 사건 임대차 목적물에 관한 임대차계약은 2018. 1. 4.부로 종료(합의해지)되었음을 상호 확인하였다. 이는 임차인이 거주하는 해당 주택이 노후화된 점을 고려하더라도 결로현상으로 인한 광범위한 곰팡이는 수선하지 아니하면 임차인이 계약에 의하여 정해진 목적에 따라 사용·수익할 수 없는 상태에 해당한다고 할 수 있어 임대인이 수선의무를 부담하나, 대규모의 수선이 필요하고 수선기간이 어느 정도 소요될지 알 수 없는 상황이므로 임차인과 임대인은 서로 양보하여 임대인이 수선의무를 이행하지 아니하는 대신 임대차계약을 합의해지 하는 것으로 분쟁이 종료한 것이다.

다) 임차주택 누수·곰팡이에 관한 수선 의무

임차인은 임차주택에 누수 및 곰팡이 발생으로 수리가 필요한 상황에서 임차주택의 근본적인 수리를 하게 되면 대규모 공사가 되고 공사기간 동안 생활하기 불편하므로 임대차계약을 해지하고 이사를 나가고 싶은 상황이다. 신청인(임차인) 의견은 임차주택의 누수 및 곰팡이 해결을 위해서는 대규모 공사가 필요하므로 공사로 인한 불편을 겪고 싶지 않다고 하며 계약을 해지하고 피신청인이 보증금을 반환해주기를 원하는 것이고, 피신청인(임대인) 의견은 임차주택에 누수 발생 원인을 파악하고 있어 수리 후에 도배 및 장판까지 교체해 줄 수 있다고 하며 계약기간이 종료되지 않았으므로 계약을 해지하고 보증금을 반환할 수는 없다는 입장이다. 쟁점은 피신청인의 수선의무 불이행으로 신청인에게 계약해지권이 발생하였는지 여부이다.

관련 규정은 다음과 같다. 민법 제623조(임대인의 의무) 임대인은 목적물을 임차인에게 인도하고 계약존속 중 그 사용·수익에 필요한 상태를 유지하게 할 의무를 부담한다. 민법 제624조(임대인의 보존행위, 인용의무) 임대인이 임대물의 보존에 필요한 행위를 하는 때에는 임차인은 이를 거절하지 못한다.

관련 판례는 다음과 같다. 임대차계약에서 있어서 임대인은 임차목적물을 계약 존속 중 사용·수익에 필요한 상태를 유지하게 할 의무를 부담하는 것이므로, 임차목적물에 임차인이 계약에 의하여 정해진 목적에 따라 사용·수익할 수 없는 상태로 될 정도의 파손 또는 장해가 생긴 경우 그것이 임차인이 별 비용을 들이지 아니하고도 손쉽게 고칠 수 있을 정도의 사소한 것이어서 임차인의 사용·수익을 방해할 정도의 것이 아니라면 임대인은 수선의무를 부담하지 않지만, 그것을 수선하지 아니하면 임차인이 계약에 의하여 정해진 목적에 따라 사용·수익할 수 없는 상태로 될 정도의 것이라면 임대인은 그 수선의무를 부담한다 할 것이고, 이러한 임대인의 수선의무는 특약에 의하여 이를 면제하거나 임차인의 부담으로 돌릴 수 있으나, 그러한 특약에서 수선의무의 범위를 명시하고 있는 등의 특별한 사정이 없는 한 그러한 특약에 의하여 임대인이 수선의무를 면하거나 임차인이 그 수선의무를 부담하게 되는 것은 통상 생길 수 있는 파손의 수선 등 소규모의 수선에 한한다 할 것이고, 대파손의 수리, 건물의 주요 구성부분에 대한 대수선, 기본적 설비부분의 교체 등과 같은 대규모의 수선은 이에 포함되지 아니하고 여전히 임대인이 그 수선의무를 부담한다고 해석함이 상당하다 할 것이다(대법원 1994. 12. 9. 선고 94다34692, 94 다34708 판결, 대법원 2008. 3. 27. 선고 2007다91336 판결 참조).

위 내용을 근거로, 신청인과 피신청인은 당사자 간의 전세계약(전세목적물: 대전 ○구 ○○동 ○○○동 ○호, 전세금: 165,000,000원, 전세기간: 2016. 10. 17.부터 2018. 10. 17.까지)과 관련하여 전세목적물에 발생한 누수 및 곰팡이 확산 방지를 위한 수선을 2017. 11. 20.부터 2017. 11. 25.까지 진행함에 합의를 하였다. 이는 피신청인이 수선의무의 이행을 거절하고 있는 상황이 아닌바 신청인에게 계약해지권이 발생하였다고 볼 수 없으므로 신청인과 피신청인은 상호양보하여 임차주택을 수선하기로 하되, 새로운 세입자가 구해지는 경우 계약기간 만료일보다 앞선 날짜에 합의 하에 계약을 종료할 수 있는 것으로 하는 합의가 이루어진 것이다.

라) 임차주택 배관 동파에 관한 수선 의무

임차인은 임대차목적물 중 수도배관이 한파로 인해 동파되어 임대인에게 수선을 요청하였고, 임대인은 이를 수선한 후 그 비용 700,000원을 임차인에게 청구하는바, 이에 A가 수선비용에 대한 조정을 신청하였다. 신청인(임차인) 의견은 임대인의 수선의무에 따라 임대인이 수선비용 전액을 부담해야 한다는 것이고, 피신청인(임대인) 의견은 동파 방지 조치를 하지 않은 임차인의 과실에 기인한 것이므로, 임차인이 수선비용 전액을 부담해야 한다는 것이다. 쟁점은 동파 방지 조치를 하지 않은 임차인 A의 과실 여부 및 임대인 B의 수선의무 여부이다.

관련 규정은 다음과 같다. 민법 제374조(특정물인도채무자의 선관의무) 특정물의 인도가 채권의 목적인 때에는 채무자는 그 물건을 인도하기까지 선량한 관리자의 주의로 보존하여야 한다. 민법 제654조(준용규정) 제610조 제1항, 제615조 내지 제617조의 규정은 임대차에 이를 준용한다. 민법 제613조(차용물의 반환시기) ① 차주는 약정시기에 차용물을 반환하여야 한다. ② 시기의 약정이 없는 경우에는 차주는 계약 또는 목적물의 성질에 의한 사용, 수익이 종료한 때에 반환하여야 한다. 그러나 사용·수익에 족한 기간이 경과한 때에는 대주는 언제든지 계약을 해지할 수 있다. 민법 제623조(임대인의 의무) 임대인은 목적물을 임차인에게 인도하고 계약존속 중 그 사용·수익에 필요한 상태를 유지하게 할 의무를 부담한다.

관련 판례는 다음과 같다. 임대차계약에서 있어서 임대인은 임차목적물을 계약 존속 중 사용·수익에 필요한 상태를 유지하게 할 의무를 부담하는 것이므로, 임차목적물에 임차인이 계약에 의하여 정해진 목적에 따라 사용·수익할 수 없는 상태로 될 정도의 파손 또는 장해가 생긴 경우 그것이 임차인이 별 비용을 들이지 아니하고도 손쉽게 고칠 수 있을 정도의 사소한 것이어서 임차인의 사용·수익을 방해할 정도의 것이 아니라면 임대인은 수선의무를 부담하지 않지만, 그것을 수선하지 아니하면 임차인이 계약에 의하여 정해진 목적에 따라 사용·수익할 수 없는 상태로 될 정도의 것이라면 임대인은 그 수선의무를 부담한다 할 것이고, 이러한 임대인의 수선의무는 특약에 의하여 이를 면제하거나 임차인의 부담으로 돌릴 수 있으나, 그러한 특약에서 수선의무의 범위를 명시하고 있는 등의 특별한 사정이 없는 한 그러한 특약에 의하여 임대인이 수선의무를 면하거나 임차인이 그 수선의무를 부담하게 되는 것은 통상 생길 수 있는 파손의 수선 등 소규모의 수선에 한한다 할 것이고, 대파손의 수리, 건물의 주요 구성부분에 대한 대수선, 기본적 설비부분의 교체 등과 같은 대규모의 수선은 이에 포함되지 아니하고 여전히 임대인이 그 수선의무를 부담한다고 해석함이 상당하다 할 것이다(대법원 1994. 12. 9. 선고 94다34692, 94 다34708 판결, 대법원 2008. 3. 27. 선고 2007다91336 판결 참조).

위 내용을 근거로, 2018. 2. 1.경 ○○시 ○○동 ○○(○○로 ○○) ○○타운 제○동 제○○호에 관하여 발생한 수도배관 동파사고로 피신청인이 지출한 700,000원 중 신청인의 피신청인에 대한 손해배상채무는 200,000원을 초과하여서는 존재하지 아니함을 확인한다. 신청인은 2018. 4. 20.까지 피신청인에게 제1항 기재의 200,000원을 지급한다. 이는 당사자의 서로 대립되는 견해에 대해, A에게는 선관주의의무에 따라 겨울철 수도관의 동파 사고를 막기 위해서 수도꼭지를 약하게 틀어 수도관이 얼지 않도록 하거나, 헌옷, 이불 등으로 동파가 예상되는 곳을 감싸 놓는 등의 조치를 취해야 할 의무가 있고, B에게는 수선의무에 따라 동파에 취약한 위치에 수도관이 설치되어 있는 경우에는 이에 대해 보온장치를 설치하거나 노후된 수도관인 경우에는 이를 교체하는 등 필요한 조치를 취할 의무가 있음을 설명함으로써 상호 양보를 이끌어 내어 합의가 성립하여 분쟁이 종결된 것이다.

(5) 보증금 등 반환의무의 발생

청각장애가 있는 임차인은 임대인으로부터 이 사건 주택을 2년의 기간을 약정하여 임차하고, 계약기간 종료 후에도 계속 거주하다 2015. 3. 27. 양 당사자의 합의로 보증금을 500만원 더 증액한 후 2016. 6. 23.자로 이사하여 주택을 인도하였으나, 조정신청일 현재까지 보증금을 반환받지 못한 상태이다. 신청인(임차인) 의견은 묵시적 갱신 중에 이사를 완료한 지 3개월 이상 경과하였으므로, 보증금 및 지연이자를 반환하여야 한다는 것이고, 피신청인(임대인) 의견은 보증금을 증액할 당시 2년 재계약이 된 것이고, 임차인이 이사를 하면서 통지도 제대로 하지 않았으므로, 보증금은 별론으로 하고 지연이자는 지급할 수 없다는 것이다. 쟁점은 임차인은 임대인에게 보증금 및 지연이자의 반환을 주장할 수 있는지 여부이다.

관련 규정은 다음과 같다. 주택임대차보호법 제6조(계약의 갱신) 제1항은 임대인이 임대차기간이 끝나기 6개월 전부터 1개월 전까지의 기간에 임차인에게 갱신거절의 통지를 하지 아니하거나 계약조건을 변경하지 아니하면 갱신하지 아니한다는 뜻의 통지를 하지 아니한 경우에는 그 기간이 끝난 때에 전임대차와 동일한 조건으로 다시 임대차한 것으로 본다. 임차인이 임대차기간이 끝나기 1개월 전까지 통지하지 아니한 경우에도 또한 같다. 동법 제6조의2(묵시적 갱신의 경우 계약의 해지) 제1항은 제6조 제1항에 따라 계약이 갱신된 경우 같은 조 제2항에도 불구하고 임차인은 언제든지 임대인에게 계약해지를 통지할 수 있다. 제2항은 제1항에 따른 해지는 임대인이 그 통지를 받은 날부터 3개월이 지나면 그 효력이 발생한다.

관련 판례는 다음과 같다. 피고는 2009. 3. 20. 원고와 화성시 소재 대지 및 지상건물에 관하여 보증금 10,000,000원, 차임 월 3,000,000원, 임대차기간이 사건 부동산 명도일(2009. 3. 20.)부터 24개월로 정하여 임대차계약을 체결하였고, 그 무렵 원고에게 위 보증금을 모두 지급하였다. 이후 원고와 피고는 차임을 2011년 7월경 월 3,500,000원으로, 2012년 10월경 월 4,000,000원으로 각 증액하였다. 피고는 이 사건 부동산에서 공장을 운영하다가 2013년 10월경 위 공장을 다른 곳으로 이전하였다. 민법 제639조 제1항에 의하면, 임대차기간이 만료한 후 임차인이 임차물의 사용·수익을 계속하는 경우에 임대인이 상당한 기간 내에 이의를 하지 아니한 때에는 전 임대차와 동일한 조건으로 다시 임대차한 것으로 보나, 당사자는 제635조의 규정에 의하여 해지의 통고를 할 수 있다. 민법 제635조 제2항 제1호에 의하면, 토지, 건물 기타 공작물에 대하여는 임차인이 해지를 동고한 경우 상대방이 통고받은 날로부터 1개월이 경과하면 해지의 효력이 생긴다. … (중략) … 앞서 본 것처럼 이 사건 임대차계약은 민법 제639조 제1항에 따라 묵시의 갱신이 되었고, 임차인인 피고는 2013. 12. 17. 임대인인 원고에게 위 임대차계약 해지 통고를 하여 그 무렵 도달하였으므로, 그로부터 1개월이 경과한 2014년 1월 중순경 해지의 효력이 발생하여 이 사건 임대차계약이 종료되었다고 봄이 상당하다(수원지방법원 2017. 11. 17. 선고 2017가단18800 판결 참조).

조정결과로, 신청인과 피신청인은 별지 목록 기재 부동산의 5층 중 별지 도면 표시 ㄱ, ㄴ, ㄷ, ㄹ, ㅁ의 각 점을 차례로 연결한 선내 (가)부분 주택에 관하여 2012. 02. 27. 체결된 임대차계약에 관하여 다음과 같이 합의한다. 피신청인은 신청인에게, 2018. 01. 05.에 지연이자 500,000원을, 2018. 02. 05.에 지연이자 500,000원을,2018. 03. 05.에 잔여보증금 35,000,000원 및 지연이자 500,000원을, 각 지급한다. 만일 위 지급을 지체하면 그 지급을 지체한 금원에 대하여 2018. 03. 06.부터 다 갚는 날까지 연 10%의 비율로 계산한 돈을 가산하여 지급한다.

피신청인이 제2항 기재 의무를 1회라도 불이행할 시에, 피신청인은 신청인에게 잔액을 일시에 상환한다.신청인은 나머지 신청을 포기한다. 피신청인은, 주택임대차보호법 제26조 제4항에 따라, 제2항에 기재된 사항을 강제집행할 수 있음을 승낙한다.

이 사건 임대인은 주위적으로, 보증금 증액 당시 2년 재계약이 체결된 것이므로 보증금의 반환시기가 2017. 03. 27.이라는 주장과 함께 예비적으로, 묵시적 갱신이라 하더라도 임차인으로부터 이사를 통지받은 사실이 없음을 주장하며 향후 3개월에 걸쳐 보증금만을 반환할 의견을 개진하였으나, 위 판시내용과 달리, 임대인의 주위적 주장사실을 그대로 받아들이더라도 보증금 3,500만 원에 대한 법정이자 연 5%의 비율로 계산한 지연이자(=약 170만 원)가 발생한다는 점을 설명하고, 이에 그보다 적은 지연이자의 총합 150만 원(=50만 원×3개월)만을 보증금에 가산하여 지급하는 것을 내용으로 하는 합의안에 임대인과 임차인이 모두 동의하여 합의가 성립하였으며, 오랜 기간 보증금을 돌려받지 못해 마음고생을 한 임차인은 소송보다 신속하게 지연이자까지 받게 되었다.

(6) 계약 해지에 따른 보증금의 반환

임차인과 임대인은 단독주택의 지층(반지하)에 관하여 임대차계약을 체결하였음. 임차인은 위 주택에 입주한 당일 장판 아래의 누수를 발견하였고 곧바로 B에게 그 사실을 알렸으나, 임대인은 지하방은 원래 다 그런 것이라고 말하며 별도의 조치를 취하여 주지 않은 상태이다. 신청인(임차인) 의견은 누수로 인하여 거주가 불가능하므로 임대차계약을 해지하겠음. 그에 따라서 임대인은 보증금을 반환하고 손해배상(이사 비용 및 중개수수료)을 해야 한다는 것이고, 피신청인(임대인) 의견은 임차인은 계약 체결 전에 방을 꼼꼼히 살펴보았기 때문에 뒤늦게 임대차목적물을 흠잡는 것은 부당하다는 것이다. 쟁점은 하자의 정도가 목적물의 사용·수익을 불가능하게 할 정도여서 계약 해지 사유에 해당하는지 여부 및 그에 따라서 임대인이 보증금을 반환하여야 하는지 여부이다.

관련 규정은 다음과 같다. 민법 제623조(임대인의 의무) 임대인은 목적물을 임차인에게 인도하고 계약존속 중 그 사용, 수익에 필요한 상태를 유지하게 할 의무를 부담한다. 민법 제544조(이행지체와 해제) 당사자 일방이 그 채무를 이행하지 아니하는 때에는 상대방은 상당한 기간을 정하여 그 이행을 최고하고 그 기간 내에 이행하지 아니한 때에는 계약을 해제할 수 있다. 그러나 채무자가 미리 이행하지 아니할 의사를 표시한 경우에는 최고를 요하지 아니한다.

관련 판례는 다음과 같다. 피고가 목욕탕 영업을 위하여 원고로부터 이 사건 건물을 임차할 당시부터 보일러 버너 및 과열기 등의 고장, 온수파이프의 노후, 부식으로 인한 누수 등 목욕탕 영업을 정상적으로 할 수 없을 정도의 하자가 있었는데도 임대인인 원고가 이를 전면적으로 수리하여 피고가 위 건물을 사용·수익하는 데 필요한 상태를 유지시켜 줄 의무를 이행하지 아니하여, 피고가 이를 이유로 원고에 대하여 임대차계약 해지 통지를 함으로써 위 건물 임대차계약이 유효하게 해지되었다고 한 원심의 사실인정과 판단은 원심판결이 설시한 증거관계에 비추어 정당한 것으로 수긍이 되고, 그 과정에 소론과 같이 채증법칙을 위반하여 사실을 오인하는 등의 위법이 있다고 볼 수 없다 (대법원 1991. 10. 25. 선고 91다22605 판결 참조).

조정결과로, 피신청인은 2018. 3. 22.까지 신청인으로부터 별지 기재 건물을 인도받음과 동시에 금 50,350,000원에서 위 인도일까지의 전기·수도요금 및 관리비를 공제한 금원을 지급한다. 신청인은 2018. 3. 22.까지 피신청인으로부터 제1항 기재 금원을 지급받음과 동시에 피신청인에게 별지 기재 건물을 인도한다. 신청인과 피신청인은, 별지 기재 건물에 관한 양자 간의 임대차계약과 관련하여 본 조정합의사항 이외에 서로에 대해 어떠한 채권·채무도 없음을 확인하고, 향후 서로에 대하여 이와 관련한 재판상, 재판외 청구 또는 이의 제기를 하지 아니한다. 신청인은 나머지 신청을 포기한다. 조정비용은 각자 부담한다. 신청인과 피신청인은, 주택임대차보호법 제26조 제4항에 따라 위 제1항, 제2항에 기재한 사항은 강제집행할 수 있음을 상호 승낙한다.

현장 조사 결과 누수가 상당히 심각하여 신청인이 목적물을 사용·수익하기 어려운 상황인 것으로 확인되었다. 위 사실을 바탕으로 하여, 양 당사자 사이의 임대차계약을 조속히 종료하고 목적물과 보증금을 상호 반환하되 피신청인은 손해배상으로서 이사 비용 350,000원을 추가로 지급하기로 하는 내용의 조정이 성립하였다.

5) 임대차계약의 이행 및 임대차계약 내용의 해석에 관한 분쟁

(1) 임대차계약의 당사자 확정

임대인과 임차인은 2013. 2.경 이 사건 주택에 관한 임대차 계약을 체결하였는데, 위 계약 체결 후 현재까지 이 사건 주택에서 실제 거주하고 있는 자는 임차인의 며느리인 A이고, 월 차임 역시 A가 지급하여 왔다. 임대인은 2기 이상 차임이 연체되고 있으므로 임차인을 피신청인으로 하여 이 사건 임대차 계약의 해지와 주택의 인도 및 연체 차임의 지급을 구하는 분쟁조정을 신청하였다. 임차인은 자신은 며느리 A를 위하여 계약체결 행위만 대리하였을 뿐, 진정한 임차인은 A라고 주장하며 자신을 피신청인으로 하는 위 조정신청에 불응하여 위 신청은 각하로 종결되었고, 이에 따라 임대인은 A를 피신청인으로 하여 재차 분쟁조정을 신청한 것이다. 신청인(임대인) 의견은 A가 이 사건 주택에 계속 거주하며 차임을 지급하여 온바, A가 진정한 임차인이므로 A는 임대인에게 이 주택의 반환 및 연체 차임의 지급 의무를 부담하는 것은 부당한 것이고, 피신청인(임차인의 며느리 A) 의견은 피신청인은 계약상 임차인으로 기재되어 있지 않으므로, 자신이 진정한 임차인의 지위에서 주택의 반환 및 연체 차임의 지급 의무를 부담하는지에 대하여 의문스럽다고 주장한 것이다. 쟁점은 임대차 계약서상에 기재된 자가 아닌 제3자에게 진정한 임차인의 지위를 인정할 수 있는지 여부이다.

관련 규정은 다음과 같다. 민법 제105조(임의규정) 법률행위의 당사자가 법령 중의 선량한 풍속 기타 사회질서에 관계없는 규정과 다른 의사를 표시한 때에는 그 의사에 의한다. 민법 제618조(임대차의 의의) 임대차는 당사자 일방이 상대방에게 목적물을 사용, 수익하게 할 것을 약정하고 상대방이 이에 대하여 차임을 지급할 것을 약정함으로써 그 효력이 생긴다.

관련 판례는 다음과 같다. 계약을 체결하는 행위자가 타인의 이름으로 법률행위를 한 경우에 행위자 또는 명의인 가운데 누구를 당사자로 볼 것인가에 관하여는, 우선 행위자와 상대방의 의사가 일치한 경우에는 그 일치한 의사대로 행위자 또는 명의인을 계약의 당사자로 확정하여야 할 것이고, 쌍방의 의사가 일치하지 않는 경우에는 그 계약의 성질·내용·목적·경위 등 계약체결 전후이 구체적인 제반 사정을 도대로 상대방이 합리적인 사람이라면 행위자와 명의인 중 누구를 계약당사자로 이해할 것인지에 의하여 결정하여야지 그 계약상의 명의인이 언제나 계약당사자가 되는 것은 아니라 할 것이다(대법원 2016. 3. 10. 선고 2015다240768 판결).

조정 결과로, 신청인과 피신청인은 신청인과 신청외 A와 사이에 이 사건 주택에 관하여 2013. 2.경 체결된 임대차 계약의 임차인이 피신청인임을 확인한다. 신청인과 피신청인은 제1항 기재 임대차 계약을 2018. 3. 31. 종료하기로 합의한다. 피신청인은 신청인에게, 가. 2018. 2. 28.까지 3,750,000원(25개월 차임)을 지급하고, 나. 2018. 3. 31.까지 제1항 기재 주택을 인도한다.

계약서상 당사자와 진정한 당사자가 일치하지 아니하여 계약당사자 특정의 어려움을 해소했으며, 임차인의 사정을 감안하여 주택의 반환 및 연체 차임의 지급 시기를 조정하여 임차인의 주거 안정을 위태롭게 하지 않으면서 임대인이 만족할 수 있는 합의안을 도출한 점에 의미가 있다.

(2) 장기수선충당금 반환 주체

임차인과 임대인은 임대차계약 당시 '관리비와 제반된 공과금은 임차인이 부담한다'는 특약사항을 임대차계약서에 기재하였다. 임차인은 2006. 2.부터 2018. 1.까지 임차목적물에 거주하였고, 장기수선충당금으로 49만원을 납부한 상태이다. 임차인은 임대차계약을 해지하고 주택을 명도한 후 임대인에게 장기수선충당금 반환을 청구하였다. 신청인(임차인) 의견은 장기수선충당금은 임대인이 납부해야 하는 것이므로 임차인이 대납한 충당금을 반환해야 한다는 것이고, 피신청인(임대인) 의견은 관리비와 제반된 공과금은 임차인이 부담하기로 약정하였고 관리비에 장기 수선충당금이 포함되므로 임차인이 충당금을 부담해야 한다는 것이다. 쟁점은 위 특약사항을 근거로 임대인이 장기수선충당금을 반환하지 않겠다고 주장할 수 있는지 여부이다.

　관련 규정은 다음과 같다. 공동주택관리법 제30조(장기수선충당금의 적립) 제1항은 관리주체는 장기수선계획에 따라 공동주택의 주요 시설의 교체 및 보수에 필요한 장기수선충당금을 해당 주택의 소유자로부터 징수하여 적립하여야 한다. 공동주택관리법 시행령 제31조(장기수선충당금의 적립 등) 제7항은 공동주택의 소유자는 장기수선충당금을 사용자가 대신하여 납부한 경우에는 그 금액을 반환하여야 한다. 민법 제162조(채권, 재산권의 소멸시효) 제1항은 채권은 10년간 행사하지 아니하면 소멸시효가 완성한다.

　관련 판례는 다음과 같다. 장기수선충당금은 공동주택 공용부분의 공동 유지·보수가 가지는 위와 같은 필요성 또는 공공성 때문에 주택법에서 공동주택 관리단이 공동주택 전유부분 소유자에게서 이를 징수하도록 강제하는 돈이라는 점, 전유부분의 소유권이 장기간에 걸쳐 이전된 경우에 장기수선충당금을 실제로 낸 소유자와 그 돈 중 실제로 공동주택 보수·관리에 사용된 액수를 개별적으로 구분하여 환급한다는 것은 현실적으로 불가능한 점 등에 비추어 볼 때, 그 납부의무자는 공동주택 전유부분을 소유하고 있는 소유자이어야 하고, 공동주택 전유부분에 관한 소유권이 이전되는 경우에는 이미 종전 소유자가 낸 장기수선충당금에 관한 위탁자 지위 역시 새로운 소유자에게 이전하며, 종전 소유자가 이미 발생한 장기수선충당금을 내지 않았던 경우에는 새로운 전유부분 소유자가 관리단에 그 밀린 장기수선충당금을 낼 의무를 면책적으로 인수한다고 보아야 한다. 그러므로 장기수선충당금은 공동주택 멸실·철거 시의 전유부분 소유자에게 반환되어야 한다(서울고등법원 2015. 6. 26. 2014나19440판결 참조.).

　조정 결과로, 피신청인은 2018. 3. 31.까지 신청인에게 400,000원을 지급한다. 신청인과 피신청인은 이 사건 신청원인과 관련하여 향후 서로에 대하여 일체의 재판상, 재판외 청구 또는 이의제기를 하지 아니한다. 신청인과 피신청인은 주택임대차보호법 제26조 제4항에 따라, 위 제1항에 관한 강제집행을 할 수 있음을 상호 승낙한다.

(3) 임대차목적물 파손시 임차인 부담 특약

임차인과 임대인은 원룸에 관한 임대차계약 당시 '임차인은 제공된 옵션의 사용 및 관리에 유의하여야 하며, 고의 또는 부주의에 의한 파손 및 도난시 임차인의 비용으로 변상한다'는 특약사항을 임대차계약서에 기재하였다. 그런데 임차인이 통상적으로 세면대를 사용하던 중 세면대가 파손되었는데 임차인은 자신의 고의 또는 부주의에 의한 것이 아니므로 변상의무가 없어 임대인이 수리를 하여야 한다고 주장하는 상황이다. 신청인(임차인) 의견은 임대차계약의 특약조항에 '고의 또는 부주의에 의한 파손 및 도난시 임차인의 비용으로 변상한다'고 기재되어 있으므로 자신의 고의 또는 부주의 없이 통상의 사용과정에서 파손되었으므로 자신은 변상의무가 없다는 것이고, 피신청인(임대인) 의견은 세면대가 파손은 고의 또는 부주의에 의한 파손으로 보여지므로 임차인이 변상의무를 부담한다는 것이다. 쟁점은 위 특약사항을 근거로 임차인이 변상의무를 부담하는지 여부이다.

관련 규정은 다음과 같다. 민법 제654조(준용규정) 제610조 제1항, 제615조 내지 제617조의 규정은 임대차에 이를 준용한다. 제610조(차주의 사용, 수익권) 제1항은 차주는 계약 또는 그 목적물의 성질에 의하여 정하여진 용법으로 이를 사용, 수익하여야 한다.

관련 판례는 다음과 같다. 임차인의 임차물 반환채무가 이행불능이 된 경우 임차인이 그 이행불능으로 인한 손해배상책임을 면하려면 그 이행불능이 임차인의 귀책사유로 말미암은 것이 아님을 입증할 책임이 있으며, 임차건물이 화재로 소훼된 경우에 있어서 그 화재의 발생원인이 불명인 때에도 임차인이 그 책임을 면하려면 그 임차건물의 보존에 관하여 선량한 관리자의 주의의무를 다하였음을 입증하여야 한다(대법원 1999. 9. 21. 선고 99다36273 판결 참조).

조정 결과로, 임차인은 세면대 수리비용 70,000원을 부담한다.

통상적인 사용에 있어서 세면대가 파손된 것에 대하여 임차인은 자신의 고의 또는 부주의에 의하여 발생된 것이 아니므로 그에 대한 변상책임이 없다고 주장하였으나, 대법원 판례의 입장과 같이 단순한 무과실의 주장이 아닌 선량한 관리자의 주의의무를 다하였음을 증명하여야 그에 대한 책임을 면할 수 있음을 임차인에게 충분히 설명하였고, 이에 임차인도 그러한 판례의 견해에 수긍하면서 일방적인 무과실 주장을 철회하면서 자신이 세면대 수리비용을 부담하기로 양보하였다.

(4) 임차인의 사용·수익의 범위

임대인 소유의 다가구주택에 거주하는 임차인은 임대인의 동의 없이 애완견 2마리를 기르고 있다. 임차인의 애완견들이 짖는 소리로 인해서 같은 다가구주택에 거주하는 임대인의 다른 임차인들과 인근의 다른 건물에 거주하는 입주민들이 임대인에게 불만을 제기하고 있다. 이로 인해 임대인은 다가구주택을 임대하는 데에 곤란을 겪고 있으므로 임차인과의 임대차계약을 해지하고자 한다. 임대인과 임차인은 임대차계약 당시 임차주택 내에서 반려동물의 사육이 가능한지 여부에 대하여 별도의 특약을 하지는 않은 상태이다. 신청인(임대인) 의견은 주택의 임차인은 주택을 주거 목적으로 사용하여야 하는데 피신청인이 큰 소리로 짖는 애완견들을 실내에서 사육하는 것은 주거 목적의 범위를 벗어난 것이라고 주장하며, 피신청인은 이 사건 주택을 선량한 관리자의 주의의무를 다하여 사용하여야 하며, 이를 위반하여 신청인에게 손해를 입혀서는 안 되는데, 피신청인이 사육하는 애완견들 때문에 신청인은 이 사건 주택의 다른 임차인들과 이웃 주민들로부터 항의를 받고 있으며, 이로 인해 주택 임대에 곤란을 겪고 있다. 그 밖에 피신청인은 차임도 4기 이상 연체하였으므로 이 사건 임대차계약을 해지하고 이 사건 주택을 인도받고자 한다는 것이다.

피신청인(임차인) 의견은 애완견의 실내 사육을 금지하는 내용의 특약이 없었고, 피신청인은 이 사건 주택을 가족 1인과 함께 주거목적으로 사용하고 있으므로, 이 부분은 계약 위반이 아니라고 생각한다. 차임 연체부분은 인정하며, 다만 이사를 위한 비용마련을 위해 시간적인 여유가 필요하므로 이 사건 임대차계약의 해지시기를 3개월 정도 뒤로 정하기를 희망한다는 것이다.

쟁점은 A는 B의 애완견 사육과 차임연체를 이유로 이 사건 임대차계약의 해지를 주장할 수 있는지 여부이다.

관련 규정은 다음과 같다. 민법 제610조(차주의 사용, 수익권) 제1항은 차주는 계약 또는 그 목적물의 성질에 의하여 정하여진 용법으로 이를 사용, 수익하여야 한다. 민법 제654조(준용규정) 제610조 제1항, 제615조 내지 제617조의 규정은 임대차에 이를 준용한다. 민법 제640조(차임연체와 해지) 건물 기타 공작물의 임대차에는 임차인의 차임연체액이 2기의 차임액에 달하는 때에는 임대인은 계약을 해지할 수 있다.

관련 판례는 다음과 같다. 관리인에 의하여 관리되고 있는 공동주택에서 애완견 사육으로 인한 소음 등으로 인하여 극도의 스트레스를 받아 정신과 치료, 피부과 치료를 받고 있는 이웃 임차인이 애완견을 키우고 있는 임차인과 임대주택의 소유자 및 그 관리인을 상대로 손해배상청구를 한 사안에서 "어떠한 행위가 위법한 가해행위로 평가되기 위해서는 그로 인한 피해의 정도가 사회통념상 일반적으로 용인되는 수인한도를 넘어야 하고, 사회통념상 수인한도를 넘었는지 여부는 피해의 정도, 피해 이익의 성질, 가해 방지 및 피해 회피의 가능성, 피해 회피를 위한 당사자의 노력 등 제반 사정을 종합적으로 고려하여 판단하여야 하는바"라고 설시하면서 원고 청구를 배척한 바 있다(서울중앙지방법원 2013. 12. 4. 선고 2013나11354 판결). 피신청인이 이 사건 주택 내에서 애완견들을 기르고 있다는 점을 이유로 이 사건 임대차계약을 해지할 수 있다는 내용의 특약이나 법률의 명시적인 규정은 존재하지 아니하고, 피신청인이 기르는 애완견들이 짖는 소리가 커서 이 사건 주택의 다른 호실에 거주하는 임차인들과 이웃 주민들이 불편을 호소하고 있다는 사정은 민법이 규정하고 있는 상린관계의 규정에 따라 피신청인과 다른 임차인들 및 이웃 주민들 간에 해결할 문제이며, 신청인이 피신청인을 대신하여 이 문제를 해결해주어야 할 의무가 있는 것은 아니므로 이를 이유로 한 신청인의 해지주장은 인정하기 어렵다.

조정결과로, 신청인과 피신청인은 대전 O구 OO동 OOOO(도로명 주소: OO로OOO번길 OO−OO) OO빌라 OOO호에 관한 임대차계약을 2017. 12. 27.자로 해지한다. 피신청인은 제1항 기재 임대차계약의 보증금(200만원)에서 2017. 12. 27.까지의 미지급 연체 차임(월 29만원)을 공제한 잔액을 2017. 12. 27. 신청인으로부터 반환받음과 동시에 제1항 기재 건물을 신청인에게 인도한다. 신청인은 나머지 신청을 포기한다. 신청인과 피신청인은 위 제2항에 대하여 주택임대차보호법 제26조 제4항에 따라 강제집행할 수 있음을 상호승낙한다.

피신청인이 기르는 애완견들이 짖는 소음이 사회통념상 수인한도를 초과하여 이웃들의 생활에 지장을 줄 만한 정도인지를 증명하는 것이 쉽지 않으며, 그와 같은 사정이 인정되더라도 이 사건 임대차계약의 해지 사유가 될 것인지가 명확하지 않다는 점을 신청인이 수긍하였고, 피신청인은 자신의 애완견 사육으로 인하여 신청인에게 손해가 발생할 수 있으며, 차임연체로 인해 이 사건 임대차계약을 해지한다는 신청인의 주장을 다투지 않기로 하였다. 이 사건 임대차계약의 기간은 6개월 정도 남아 있는데 이를 3개월 앞당겨서 종료 시기를 정하고, 보증금에서 연체차임을 공제한 잔액과 이 사건 주택의 인도를 동시에 이행하는 내용으로 합의가 이루어졌다.

(5) 임대차 기간에 관한 해석 및 차임 연체를 이유로 한 계약 해지

임대인은 임차인에게 보증금 없이 월 차임 3,750,000원, 임대차 기간 2015. 9. 14.부터 1년간으로 정하여 주택을 임대하였다. 임대인은 2017. 7. 17.

임차인이 2기 이상의 차임을 연체하였음을 이유로 하여 임대차계약을 해지할 것을 통보하고 목적물의 반환 및 연체 차임의 지급을 요구하였으나, 임차인은 아무런 응답을 하지 않은 상태이다. 신청인(임대인) 의견은 임대차계약기간이 이미 민료되있을 뿐만 아니라 2기 이상의 차임을 연체하였으므로 임차인은 목적물을 반환하고 연체 차임을 지급하여야 한다는 것이고, 피신청인(임차인) 의견은 연체 차임은 1개월분에 불과하다. 또한, 목적물을 반환하려면 새로운 집을 구하여야 하므로 반환 기한을 연장해주기를 원하는 것이다. 쟁점은 임대차계약기간을 언제까지로 보아야 하는지 및 임차인의 차임 연체가 2기분에 달하였는지 여부이다.

관련 규정은 다음과 같다. 주택임대차보호법 제4조(임대차기간 등) 제1항은 기간을 정하지 아니하거나 2년 미만으로 정한 임대차는 그 기간을 2년으로 본다. 다만, 임차인은 2년 미만으로 정한 기간이 유효함을 주장할 수 있다. 민법 제640조(차임연체와 해지) 건물 기타 공작물의 임대차에는 임차인의 차임연체액이 2기의 차임액에 달하는 때에는 임대인은 계약을 해지할 수 있다.

관련 판례는 다음과 같다. 주택임대차보호법 제4조 제1항은 같은 법 제10조의 취지에 비추어 보면 임차인의 보호를 위하여 최소한 2년간의 임대차기간을 보장하여 주려는 규정이라고 할 것이므로 위 규정에 위반되는 당사자의 약정을 모두 무효라고 할 것은 아니고 위 규정에 위반하는 약정이라도 임차인에게 불리하지 아니한 것은 유효하다고 풀이함이 상당하다(대법원 1996. 4. 26. 선고 96다5551, 5568 판결 참조). 논지는 피고가 위 임대차계약에 따른 약정 차임을 원고에게 적법하게 제공하였음에도 원고가 이 사건 건물의 준공에 곧이어 피고를 형사 고소하는 등 그 임대차 자체까지 인정하지 아니하였을 뿐만 아니라 그 차임의 수령을 거절하여 부득이 이를 공탁하게 되었음을 들어 원고가 한 위 임대차계약 해지의 의사표시는 부적법하거나 금반언의 원칙에 위배되어 효력이 없다는 취지이나, 피고가 1991. 7. 이후의 차임을 2기 이상 연체한 점에 대하여는 이미 원심이 적법하게 확정한 사실일 뿐더러 기록상 달리 그 연체차임에 대하여 피고가 그때마다 차임을 적법하게 제공하였는데도 원고가 그 수령을 거절하였다고 볼 만한 뚜렷한 자료도 찾아볼 수 없으므로 위 임대차계약의 해지는 적법하고, 또 원심이 확정한 바와 같이 원·피고사이에 이 사건 임대차계약의 기간, 목적물 등에 관하여 분쟁이 있었고, 그 분쟁 중에 소론과 같이 원고가 임대차계약의 성립을 일시 부인한 사실이 있었다고 하더라도 그 사실만으로 위 임대차계약 해지의 의사표시가 금반언의 원칙에 위배된다고 할 수 없으므로 이 부분 논지는 이유 없다 할 것이다(대법원 1994. 9. 9. 선고 94다 4417 판결 참조).

조정 결과로, 피신청인은 2017. 10. 13. 신청인에게 별지 기재 건물을 인도한다. 피신청인은 신청인에게 2017. 8. 13., 2017. 9. 13., 2017. 10. 13. 신청인에게 각 3,750,000원을 지급한다. 신청인은 나머지 신청을 포기한다. 조정비용은 각자 부담한다. 피신청인은 주택임대차보호법 제26조 제4항에 따라서 위 제1항, 제2항에 기재한 사항은 강제집행할 수 있음을 승낙한다.

임대차계약기간을 1년으로 정하였더라도 그 기간은 2년으로 의제되므로 (주택임대차보호법 제4조) 임대차 기간은 2017. 9. 13.까지인 것으로 검토되었고, 조사 결과 신청인이 조정을 신청하기 전까지의 연체 차임은 1개월분에 불과한 것으로 확인되었다. 피신청인은 새로운 집을 구할 수 있도록 목적물 반환 기한을 연장하여 줄 것을 희망하였고 신청인이 이를 받아들여, 계약기간 만료일로부터 1개월 뒤에 피신청인이 목적물을 인도하되 연체 차임과 더불어 위 인도일까지의 차임 상당액 또한 지급하기로 하는 내용의 조정이 성립하였다.

6) 임대차계약 갱신 및 종료에 관한 분쟁

(1) 임대인 과실 없이 임차목적물 사용불능의 경우

임차인은 임대인과 2016. 7. 22. 이 사건 주택에 관하여 임대차 계약을 체결하였는데, 임대차 기간 만료 전 경북 포항시 흥해읍에서 발생한 지진으로 인해 임차주택을 계약의 목적대로 사용·수익할 수 없게 된 상태이다. 임차인은 임대인에게 계약해지를 통지하였고, 임대차 보증금 및 미리 지급한 차임 중 일부를 반환해 줄 것을 청구하였다. 신정인(임차인) 의견은 임차주택의 일부가 파손되고 추가 붕괴의 위험이 있어 행정당국에서 당해 주택이 있는 건물을 폐쇄하고 출입을 금지시키고 있어 더 이상 거주가 불가능한 상황이므로, 당연히 이 사건 임대차 계약은 종료된 것으로 보아야 한다는 것이고, 피신청인(임대인) 의견은 이 사건 주택의 폐쇄가 임대인의 귀책사유로 인한 것이 아니므로 이 사건 임대차 계약이 종료된 것으로 볼 수 없고, 따라서 임차인에게 보증금과 잔존 차임을 반환하여 줄 의무도 없다는 것이다. 쟁점은 임대인의 귀책사유 없이 주택을 임대차 계약의 목적대로 사용·수익할 수 없게 된 경우 임차인이 임대차 계약의 종료를 원인으로 보증금 및 미리 지급한 차임의 반환을 청구할 수 있는지 여부이다.

관련 규정은 다음과 같다. 민법 제623조(임대인의 의무) 임대인은 목적물을 임차인에게 인도하고 계약존속 중 그 사용, 수익에 필요한 상태를 유지하게 할 의무를 부담한다. 민법 제627조(일부멸실 등과 감액청구, 해지권) 제1항은 임차물의 일부가 임차인의 과실 없이 멸실 기타 사유로 인하여 사용·수익할 수 없는 때에는 임차인은 그 부분의 비율에 의한 차임의 감액을 청구할 수 있다. 제2항은 전항의 경우에 그 잔존 부분으로 임차의 목적을 달성할 수 없는 때에는 임차인은 계약을 해지할 수 있다. 제3항은 전항의 규정은 대리인에게 대한 제3자의 의사표시에 준용한다.

관련 판례는 다음과 같다. 임차목적물에 물리적인 하자(예컨대 누수, 파손)가 있게 되면 임차인이 임차목적물을 계약목적에 따라 사용·수익하는 데에 장애가 발생하는바, 이러한 하자의 수선이 불가능하고 임차목적물을 사용·수익할 수 없다면 임차인은 사용·수익 불능을 이유로 곧바로 임대차계약을 해지할 수 있고, 한편 수선이 가능하더라도 임대인에게 임차목적물을 수선하여 줄 것을 요구하였는데도 임대인이 이를 이행하지 아니한다면 이행지체를 이유로 임대차 계약을 해지할 수 있다(대법원 1991. 10. 25. 선고 91다22605, 22621 판결, 1994. 12. 9. 선고 94다34692, 34708 판결 등).

조정 결과로, 신청인과 피신청인은 2016. 7. 22. 이 사건 주택에 관하여 양자 간에 체결한 임대차 계약이 2017. 11. 15. 종료되었음을 확인한다. 피신청인은 2017. 12. 31.까지 신청인에게 580,000원(보증금 잔액 500,000원 + 월차임 반환금 80,000원)을 지급한다.

임대인의 귀책사유 없이 임차 목적물이 사용·수익 불가능하게 된 경우에도 임대차 계약은 당연히 종료되는 것이고, 임대인은 임차인에게 임대차 보증금 및 미리 지급받은 차임에서 임대차 계약이 종료된 날까지의 차임 부분을 공제하고 남은 차임을 반환하여야 한다는 법리를 설명하여, 해당 분쟁이 재판 절차를 거치지 않고 조기에 해결되는 성과가 있었다.

2017. 11. 발생한 포항 지진의 피해자인 임차인은 이 사건 조정의 결과 조기에 보증금 및 미리 지급하였던 차임을 반환받을 수 있었고, 이에 따라 새로운 거주지로 이주하기 전 임시대피소에서 생활하고 있던 임차인이 조속한 주거 안정을 찾는 데 기여하였다.

(2) 임대차계약 갱신 여부

임대인과 임차인은 보증금 50만원, 월차임20만원, 임대차기간 2015. 3. 1.부터 2015. 8. 31.까지로 정하여 임대차계약을 체결함. 임대인은 2016. 11. 7. 임차인에게 임대차계약 갱신거절의사를 통지하였고, 2017. 6. 9. 재차 통지하였다. 임차인은 임대차계약이 갱신되었음을 이유로 주택명도를 거부하는 상황이다. 신청인(임대인) 의견은 임차인에게 임대차계약 갱신거절의사를 통지하여 임대차계약은 종료되었고 임차인은 주택을 명도해야 한다는 것이고, 피신청인(임차인) 의견은 임대인이 계약갱신거절의사 통지 후에도 계속 차임을 지급받았으므로 임대차계약이 묵시적으로 갱신되었다는 것이다. 쟁점은 B가 임대차

계약이 갱신되었음을 이유로 주택 명도를 거부할 수 있는지 여부이다.

관련 규정은 다음과 같다. 주택임대차보호법 제4조(임대차기간 등) 제1항은 기간을 정하지 아니하거나 2년 미만으로 정한 임대차는 그 기간을 2년으로 본다. 다만, 임차인은 2년 미만으로 정한 기간이 유효함을 주장할 수 있다. 주택임대차보호법 제6조(계약의 갱신) 제1항은 임대인이 임대차기간이 끝나기 6개월 전부터 1개월 전까지의 기간에 임차인에게 갱신거절의 통지를 하지 아니하거나 계약조건을 변경하지 아니하면 갱신하지 아니한다는 뜻의 통지를 하지 아니한 경우에는 그 기간이 끝난 때에 전 임대차와 동일한 조건으로 다시 임대차한 것으로 본다. 임차인이 임대차기간이 끝나기 1개월 전까지 통지하지 아니한 경우에도 또한 같다. 제2항은 제1항의 경우 임대차의 존속기간은 2년으로 본다.

관련 판례는 다음과 같다. 주택임대차보호법 제4조 제1항은 같은 법 제10조의 취지에 비추어 보면 임차인의 보호를 위하여 최소한 2년간의 임대차기간을 보장하여 주려는 규정이라고 할 것이다(대법원 1996. 4. 26. 선고 96다5551, 5568 판결 참조).

조정 결과로, 피신청인은 2017. 9. 30.까지 신청인으로부터 500,000원을 지급받음과 동시에 별지목록 기재 건물 중 2층 31.68㎡를 인도한다. 피신청인은 2017. 9. 1.부터 제1항 기재 건물의 인도 완료시까지 매월 말일 월 200,000원의 비율에 의한 금원을 지급하고, 전기, 가스 및 수도요금을 정산한다. 신청인은 2017. 9. 30.까지 피신청인으로부터 제1항 기재 건물을 인도받음과 동시에 피신청인에게 500,000원을 지급한다. 신청인은 나머지 신청을 포기한다. 신청인과 피신청인은 주택임대차보호법 제26조 제4항에 따라, 위 제1, 2, 3항에 관한 강제집행을 할 수 있음을 상호 승낙한다.

이를 통하여 임대인의 이익과 임차인의 경제적 사정을 고려하여 조정을 진행하여 당사자 모두가 만족할 만한 합의점을 도출하였다.

(3) 임대차계약의 묵시적 갱신 여부

임차인과 임대인은 계약기간 2년의 임대차계약을 체결하고 2년의 계약기간이 경과하였다. 그 후 임대인 A는 계약기간 경과 후 보증금의 증액을 요구하면서 증액이 이루어지시 않을 경우 임차인에게 되거를 요구하는 상황이다. 신청인(임차인) 의견은 임대차계약이 묵시적으로 갱신되어 전 임대차와 동일한 조건으로 2년의 임대차계약이 이루어졌으므로 보증금 증액 요구는 부당하다는 것이고, 피신청인(임대인) 의견은 기존 임대차계약의 보증금은 임차주택에 관한 조세·공과금 기타 부담의 증감이나 경제사정의 변동으로 인하여 상당하지 아니하므로 이러한 보증금 증액 요구는 정당하므로 보증금 증액을 임차인이 받아들이지 아니하는 경우 임대차계약은 바로 종료된다는 것이다. 쟁점은 B는 임대차계약이 묵시적으로 갱신되었다고 주장할 수 있는지 여부이다.

관련 규정은 다음과 같다. 주택임대차보호법 제6조(계약의 갱신) 제1항은 임대인이 임대차기간이 끝나기 6개월 전부터 1개월 전까지의 기간에 임차인에게 갱신거절의 통지를 하지 아니하거나 계약조건을 변경하지 아니하면 갱신하지 아니한다는 뜻의 통지를 하지 아니한 경우에는 그 기간이 끝난 때에 전 임대차와 동일한 조건으로 다시 임대차한 것으로 본다. 임차인이 임대차기간이 끝나기 1개월 전까지 통지하지 아니한 경우에도 또한 같다. 제2항은 제1항의 경우 임대차의 존속기간은 2년으로 본다.

관련 판례는 다음과 같다. 주택임대차보호법 제6조 제1항에 따라 임대차계약이 묵시적으로 갱신되면 그 임대차기간은 같은 법 제6조 제2항, 제4조 제1항에 따라 2년으로 된다.
원심이 같은 취지에서, 이 사건 임대차는 묵시적으로 갱신된 뒤 2년의 임대차기간이 만료되지 아니하였고, 임대인인 원고가 위 임대차기간의 만료 이전에 이 사건 임대차계약의 해지통고를 하였다고 하더라도 그 효력이 없다는 이유로 원고의 피고들에 대한 명도청구를 모두 배척한 것은 옳고, 거기에 상고이유의 주장과 같은 채증법칙 위배나 법리오해 등의 잘못이 없다(대법원 2002. 9.

24. 선고 2002다41633 판결 참조).

조정 결과로, 임대인과 임차인은, 양자간의 이 사건 임대차계약을 계약기간 2017. ○. ○.부터 2019. ○. ○.(24개월)로 갱신하였음을 상호 확인한다.

임대인의 임대차계약 종료 주장에도 불구하고, 임내차계약기산 종료 일성 시점 이전에 갱신거절의 통지를 아니한 경우 임대차계약이 연장된다는 주택임대차보호법 제6조 제1항의 내용을 임대인에게 설명하였고, 임대인도 동 사항 이해한 후 이를 토대로 전 임대차와 동일한 조건으로 2년의 임대차계약이 체결되었음을 확인하는 내용으로 임대인의 양보를 유도하여 계약 갱신에 관한 분쟁이 종결되었다.

(4) 연장된 임대차계약의 종료 시기

임차인은 임대차계약이 만료될 즈음 임차인이 이사 갈 아파트의 입주 시기 문제로 임대인과 합의하여 계약기간을 3~4개월 정도 연장하기로 하였던 바, 입주시기가 정해져 임대인에게 보증금 반환을 요청하였으나 임대인은 새로운 세입자가 구해지는 때까지로 계약기간을 연장한 것이라고 주장하고 있는 상황이다. 신청인(임차인) 의견은 피신청인과 합의했던 계약기간이 이미 지났으며, 새로운 세입자가 구해지지 않는 것은 임차주택이 오래되었음에도 리모델링이 되어있지 않고 피신청인이 새로운 세입자를 구하기 위해 적극적으로 협조하지 않고 있는 상황이기 때문이므로 임대차계약을 종료하고 보증금을 반환받기를 원하는 것이고, 피신청인(임대인) 의견은 피신청인은 신청인과의 임대차계약이 신청인의 요청으로 기간 연장된 것이고 새로운 세입자와 임대차계약을 할 때까지 연장하기로 합의하였으므로 그 전까지는 보증금을 반환할 수 없다는 입장이다. 쟁점은 연장된 임대차계약의 종료 시기에 대해 피신청인이 붙인 조건의 성질이다.

관련 규정은 다음과 같다. 주택임대차보호법 제4조(임대차기간 등) 제1항은 기간을 정하지 않은 임대차나 2년 미만으로 정한 임대차는 그 기간을 2년으로 본다. 다만 임차인은 2년 미만으로 정한 기간이 유효함을 주장할 수 있다.

관련 판례는 다음과 같다. 부관이 붙은 법률행위에 있어서 부관에 표시된 사실이 발생하지 아니하면 채무를 이행하지 아니하여도 된다고 보는 것이 상당한 경우에는 조건으로 보아야 하고, 표시된 사실이 발생한 때에는 물론이고 반대로 발생하지 아니하는 것이 확정된 때에도 그 채무를 이행하여야 한다고 보는 것이 상당한 경우에는 표시된 사실의 발생 여부가 확정되는 것을 불확정기한으로 정한 것으로 보아야 한다(대법원 2003. 8. 19. 선고 2003다24215 판결).

불확정기한부 채권채무관계의 경우 특별한 사정이 없는 한 그 법률행위에 따른 채무는 이미 발생하여 있는 것이고 약정한 '불확정기한'은 그 변제기를 유예해 준 것에 불과하다. 불확정한 사실이 발생하는 시기를 변제기로 약정한 경우에 그러한 사실이 실제 발생한 경우는 물론이거니와 그러한 사실의 발생이 불가능하게 되거나 상당한 기간 내에 그러한 사실이 발생하지 아니하는 경우에도 변제기가 도래한 것으로 보는 것이 판례의 입장이다(대법원 2009. 5. 14. 선고 2009다16643 판결).

조정결과로, 신청인과 피신청인은, 당사자 간 2014. 12. 27.자 별지 목록 기재 건물에 대한 전세계약에 관하여 2018. 1. 14. 종료함에 합의한다. 피신청인은, 2018. 1. 14. 신청인으로부터 제1항 기재 건물을 인도받음과 동시에 신청인에게 191,264,000원을 지급한다. 신청인은, 2018. 1. 14. 피신청인으로부터 191,264,000원을 지급받음과 동시에 피신청인에게 제1항 기재 건물을 인도한다. 신청인과 피신청인은, 상호합의에 의해 제1항 내지 제3항 기재 기일을 그보다 앞선 날짜로 변경할 수 있다. 피신청인이 장차 체결할 새로운 임대차계약과 관련한 부동산 중개보수는 피신청인이 부담한다. 신청인은 나머지 신청을 포기한다. 신청인과 피신청인은 위 제2항 및 제3항에 대하여 주택임대차보호법 제26조 제4항에 따라 강제 집행할 수 있음을 상호 승낙한다.

사건 조사 결과 신청인과 피신청인은 피신청인의 주장대로 새로운 세입자가 구해지는 때까지로 하여 임대차계약을 연장한 것을 알 수 있었다. 그러나 피신청인이 주장하는 조건에 의하면 임차주택의 재임대가 이루어지는 때까지 계약이 존속하게 되며 이는 신청인에게 불합리하므로 위 관련판례를 참고하여 당사자 간에 상당한 기간이 지난 때라고 인정되는 시점으로 상호 합의하여 임대차계약을 종료하기로 한다.

(5) 임대차 갱신계약의 합의 해지

임대인과 임차인은 계약기간 만료 2개월 전에 구두상 전세보증금을 증액하는 것으로 갱신계약을 체결하기로 하였는데, 그 다음날 임대인은 위 갱신계약의 파기를 요청하였고, 임차인도 그에 대해 동의하여 기간만료로 임대차계약을 종료하기로 하였다. 이에 따라 임대인은 기간만료에 따른 종료를 전제로 임차인의 협조로 임대차목적물에 관하여 제3자와 새로운 임대차계약을 체결하였으나, 돌연 임차인이 그 태도를 바꾸어 파기된 갱신계약의 유효를 주장하고 있다. 신청인(임대인) 의견은 갱신계약의 파기요청에 대하여 B가 동의하였으므로, 위 갱신계약은 당사자 간의 합의로 파기(해제)된 것이고, 피신청인(임차인) 의견은 A의 일방적인 파기요청에 어쩔 수 없는 상황으로 인식한 것일 뿐, 그에 대하여 동의한 것은 아니므로, 갱신 계약은 파기(해제)된 것은 아니라는 것이다.

쟁점은 갱신계약이 당사자의 합의로 해제된 것으로 볼 수 있는지 여부이다.

관련 규정은 다음과 같다. 민법 제543조(해지, 해제권) 제1항 계약 또는 법률의 규정에 의하여 당사자의 일방이나 쌍방이 해지 또는 해제의 권리가 있는 때에는 그 해지 또는 해제는 상대방에 대한 의사표시로 한다.
제2항은 전항의 의사표시는 철회하지 못한다.

관련 판례는 다음과 같다. 계약의 합의해제 또는 해제계약은 해제권의 유무를 불문하고 계약당사자 쌍방이 합의에 의하여 기존 계약의 효력을 소멸시켜 당초부터 계약이 체결되지 않았던 것과 같은 상태로 복귀시킬 것을 내용으로 하는 새로운 계약으로서, 계약이 합의해제되기 위하여는 계약의 성립과 마찬가지로 계약의 청약과 승낙이라는 서로 대립하는 의사표시가 합치될 것(합의)을 요건으로 하는바, 이와 같은 합의가 성립하기 위하여는 쌍방당사자의 표시행위에 나타난 의사의 내용이 객관적으로 일치하여야 하고, 계약의 합의해제는 명시적으로뿐만 아니라 당사자 쌍방의 묵시적인 합의에 의하여도 할 수 있으나, 묵시적인 합의해제를 한 것으로 인정되려면 계약이 체결되어 그 일부가 이행된 상태에서 당사자 쌍방이 장기간에 걸쳐 나머지 의무를 이행하지 아니함으로써 이를 방치한 것만으로는 부족하고, 당사자 쌍방에게 계약을 실현할 의사가 없거나 계약을 포기할 의사가 있다고 볼 수 있을 정도에 이르러야 한다(대법원 2011. 2. 10. 선고 2010다77385 판결 참조).

조정 결과로, 피신청인은 2018. ○. ○○.까지, 신청인으로부터 ○○○원을 지급받음과 동시에, 신청인에게 별지 목록 기재 부동산을 인도한다. 신청인은 2018. ○. ○○.까지, 피신청인으로부터 제1항 기재 부동산을 인도받음과 동시에, 피신청인에게 ○○○원을 지급한다. 신청인과 피신청인 사이에 제1항 기재 부동산에 관하여 2016. ○. ○○. 체결한 임대차계약과 관련하여 발생한 제세공과금, 장기수선충당금은 별도 정산한다. 신청인은 나머지 신청을 포기한다. 신청인과 피신청인은, 주택임대차보호법 제26조 제4항에 따라 제1항 및 제2항에 기재된 사항에 대하여 강제집행할 수 있음을 상호 승낙한다.

당사자의 서로 대립되는 견해에 대해, 당사자 사이의 문자메시지의 내용, B가 A의 새로운 임대차계약체결에 협력한 사실, A의 새로운 임대차계약체결을 중개한 공인중개사의 문자메시지의 내용 등에 비추어 볼 때, 갱신계약은 당사자 사이에 합의해제(파기)된 것으로 판단되어, 기간만료를 이유로 임대차계약은 종료되나, B의 새로운 주거지 마련을 위해 2개월의 유예기간을 두어 전세보증금을 지급받음과 동시에 임대차목적물을 인도하는 것으로 조정안을 제시함. 이에 당사자 모두 조정안을 수락함으로써 분쟁을 종결하였다.

(6) 임차주택에 관한 공사 소음을 원인으로 한 계약 해지

임차인은 임차 목적물에서 거주하던 중 갑작스러운 공사 소음으로 인하여 일상생활에 지장을 받게 되었고, 이에 관하여 같은 주택에 살고 있던 임대인에게 문의하자 집을 수리하는 중이라며 곧 끝날 테니 조금만 참으라고 하였다. 그러나 그 뒤로도 공사가 계속 이어졌고 임차인 공사 소음으로 인한 불편을 호소하자 임대인은 오히려 임차인의 비협조적인 태도를 비난하였다. 신청인(임차인) 의견은 공사 소음으로 인하여 목적물을 본래 계약상의 목적에 따라 사용·수익하지 못하고 있으므로 임대차계약을 해지하겠다는 것이고, 피신청인(임대인) 의견은 공사 기간이 그리 길지 않고, 집을 수리하여야 하는 상황에서 공사 소음이 발생하는 것은 어쩔 수 없는 것이므로 임차인은 이를 수인하여야 한다는 것이다.

쟁점은 공사 소음을 원인으로 하여 임차인이 계약을 해지할 수 있는지 여부이다.

관련 규정은 다음과 같다. 민법 제623조(임대인의 의무) 임대인은 목적물을 임차인에게 인도하고 계약존속 중 그 사용, 수익에 필요한 상태를 유지하게 할 의무를 부담한다. 민법 제625조(임차인의 의사에 반하는 보존행위와 해지권) 임대인이 임차인의 의사에 반하여 보존행위를 하는 경우에 임차인이 이로 인하여 임차의 목적을 달성할 수 없는 때에는 계약을 해지할 수 있다.

관련 판례는 다음과 같다. 임대차계약에 있어서 임대인은 임대차 목적물을, 계약 존속 중 그 사용·수익에 필요한 상태를 유지하게 할 의무를 부담하는 것이므로(민법 제623조), 목적물에 파손 또는 장해가 생긴 경우 그것이 임차인이 별 비용을 들이지 아니하고도 손쉽게 고칠 수 있을 정도의 사소한 것이어서 임차인의 사용·수익을 방해할 정도의 것이 아니라면 임대인은 수선의무를 부담하지 않지만, 그것을 수선하지 아니하면 임차인이 계약에 의하여 정하여진 목적에 따라 사용·수익할 수 없는 상태로 될 정도의 것이라면, 임대인은 그 수선의무를 부담한다 할 것이고, 이는 자신에게 귀책사유가 있는 임대차

목적물의 훼손의 경우에는 물론 자신에게 귀책사유가 없는 훼손의 경우에도 마찬가지라 할 것이다(대법원 2010. 4. 29. 선고 2009다96984 판결 참조).

임대인이 귀책사유로 하자 있는 목적물을 인도하여 목적물 인도의무를 불완전하게 이행하거나 수선의무를 지체한 경우, 임차인은 임대인을 상대로 채무불이행에 기한 손해배상을 청구할 수 있고(민법 제390조), 임대차계약을 해지할 수도 있다. 그리고 목적물의 하자에 대한 수선이 불가능하고 그로 인하여 임대차의 목적을 달성할 수 없는 경우에는, 임차인의 해지를 기다릴 것도 없이 임대차는 곧바로 종료하게 되고, 임차인이 목적물을 인도받아 어느 정도 계속하여 목적물을 사용·수익한 경우가 아니라 목적물을 인도받은 직후라면 임대차계약의 효력을 소급적으로 소멸시키는 해제를 하는 것도 가능하다(서울중앙지방법원 2014. 6. 20. 선고 2014나13609 판결 참조).

조정결과로, 피신청인은 2017. 9. 30. 신청인으로부터 별지 기재 건물을 인도받음과 동시에 신청인에게 1,250,000원을 지급한다. 신청인은 2017. 9. 30. 피신청인으로부터 1,250,000원을 지급받음과 동시에 피신청인에게 별지 기재 건물을 인도한다. 신청인은 나머지 신청을 포기한다. 조정비용은 각자 부담한다. 신청인 및 피신청인은 주택임대차보호법 제26조 제4항에 따라서 위 제1항, 제2항에 관한 강제집행을 할 수 있음을 승낙한다.

공사 소음 때문에 임차인이 임대차 목적물을 본래 계약상의 목적에 따라 사용·수익하지 못할 정도인지 여부 및 그에 따른 해지권의 인정 여부가 문제되었고, 조사 결과 실제로 소음 등 문제가 심각한 것으로 확인되었다. 또한, 신청인과 피신청인 모두 서로에 대한 피해의식과 불신이 깊어 조속히 계약을 종료할 필요성이 있는 것으로 검토되었다. 이에 따라 양 당사자 간의 계약을 종료하되, 피신청인이 목적물 유지의무를 다하지 못하여 계약이 종료되는 것임을 고려하여 피신청인이 신청인에게 보증금(1,000,000원)과 더불어 이사 비용 등 손해배상금(250,000원)을 지급하기로 하는 내용의 조정이 성립하였다.

7) 임대차계약의 불이행 등에 따른 손해배상청구에 관한 분쟁

(1) 차임 연체에 따른 지연손해금

임대차계약이 종료되어 임차인은 임대인에게 주택을 반환하였으나, 임대인은 보증금에서 미납된 3개월분의 차임과 이에 대한 지연이자를 공제한 후 남은 돈을 임차인에게 반환하였다. 신청인(임차인) 의견은 임차인은 보증금에서 자신이 미납한 총 3개월분 차임의 공제하고 반환한 것은 인정하지만, 위 연체 차임에 대하여 임대인 임의로 연 15%의 지연이 자율을 적용한 것은 부당하거나, 적어도 너무 과도하다는 것이고, 피신청인(임대인) 의견은 이 사건 임대차 계약 기간 중 임차인은 별도의 통지도 없이 총 3차례나 차임을 연체하였고, 위 지연이자율에 대하여는 사전에 피신청인에게 통지하고 적용한 것이므로 합리적인 이유가 있다는 것이다.

쟁점은 임대차보증금이 연체 차임을 상회하는 경우 임차인이 차임 연체에 대한 지연손해배상금을 지급할 의무가 있는지, 있다면 그 발생시기와 종기 및 이율은 어떻게 되는 것인가이다.

관련 규정은 다음과 같다. 민법 제379조(법정이율) 이자있는 채권의 이율은 다른 법률의 규정이나 당사자의 약정이 없으면 연 5분으로 한다.

관련 판례는 다음과 같다. 임차인이 임대차 계약을 체결할 당시 임대인에게 지급한 임대차보증금으로 연체차임 등 임대차관계에서 발생하는 임차인의 모든 채무가 담보된다 하여 임차인이 그 보증금의 존재를 이유로 차임의 지급을 거절하거나 그 연체에 따른 채무불이행 책임을 면할 수는 없다(대법원 1994. 9. 9. 선고 94다4417 판결 참조).

부동산 임대차에 있어서 수수된 보증금은 차임채무, 목적물의 멸실·훼손 등으로 인한 손해배상채무 등 임대차에 따른 임차인의 모든 채무를 담보하는 것으로서 그 피담보채무 상당액은 임대차관계의 종료 후 목적물이 반환될 때에 특별한 사정이 없는 한 별도의 의사표시 없이 보증금에서 당연히 공제되는

데(대법원 1999. 12. 7. 선고 99다50729 판결 등 참조), 보증금에 의하여 담보되는 채권에는 연체차임 및 그에 대한 지연손해금도 포함된다고 할 것이다. 한편 차임지급채무는 그 지급에 확정된 기일이 있는 경우에는 그 지급기일 다음 날부터 지체책임이 발생하고 보증금에서 공제되었을 때 비로소 그 채무 및 그에 따른 지체책임이 소멸되는 것이므로, 연체차임에 대한 지연손해금의 발생종기는 다른 특별한 사정이 없는 한 임대차계약의 해지 시가 아니라 목적물이 반환되는 때라고 할 것이다(대법원 2014. 2. 27. 선고 2009다39233 판결).

이 사건 임대차 계약의 특약사항 제1조에서는 "임차인은 보증금과 차임·사용료·보험금·청소비 및 기타 부과금의 지급을 지연하는 때에는 해당 부서에 부과되는 할증금액과 계약기간에 해당하는 임대인이 지정하는 일반적으로 판결 시 정하는 법정이자를 가산한다"고 정하고 있으나, 여기서 말하는 '일반적으로 판결 시 정하는 법정이자'가 '소송촉진 등에 관한 특례법'에서 정한 연 20%의 이율이라는 점을 인정할 증거가 없고, 오히려 위 이율은 민법에서 정한 연 5%의 법정이율을 의미한다고 봄이 상당하다(춘천지법 강릉지원 2009. 4. 24. 선고 2008나2606 판결).

조정 결과로, 신청인과 피신청인은 2016. 1. 13. 이 사건 주택에 관하여 양자 간에 체결한 임대차 계약이 2018. 1. 29. 종료되었음을 확인한다. 피신청인은 2018. 3. 31.까지 신청인에게 450,000원(미반환 보증금)을 지급한다.

관련 규정과 판례를 들어, 임차인은 임대인에게 연체한 차임의 각 지급기일 다음 날부터 임차인이 임대인에게 이 사건 주택을 반환한 날까지 연 5% 민법상 소정의 법정이율에 의한 지연손해금을 지급할 의무가 있고, 위 지연손해금은 임대차 보증금에서 당연히 공제되는 것임을 충분히 설명하고 설득하여, 임대인이 임의로 공제한 연 5%의 비율에 의한 지연손해금을 초과하는 부분에 대하여는 임차인에게 반환하되, 그 이행기를 피신청인의 요청에 따라 일정 부분 유예해 주는 것으로 원만하게 합의하였다.

(2) 위약금의 법률적 성질

임차인과 임대인은 임대차계약 당시 '임차인이 계약 기간 만료 전 계약 해지 시 차임 한 달분(45만원)을 위약금으로 할 수 있다'는 특약사항을 임대차계약서에 기재하였다. 그런데 임대차계약 기간 중 임차인의 사정으로 임대차계약을 해지하고 주택을 명도하였고, 일주일 뒤 당해 주택에 새로운 임차인이 입주하였다.

신청인(임차인) 의견은 임차인이 계약기간 중 임대차계약을 해지하였으나 곧바로 새로운 임차인이 입주하여 임대인에게 손해가 없으므로 차임 한 달분을 위약금으로 지급할 수 없다는 것이고, 피신청인(임대인) 의견은 임대차계약 당시 특약사항으로 위약금 약정을 하였으므로 임차인은 차임 한 달분을 지급할 의무가 있다는 것이다. 쟁점은 A는 위 특약사항을 근거로 위약금을 청구할 수 있는지 여부이다.

관련 규정은 다음과 같다. 민법 제398조(배상액의 예정) 제1항은 당사자는 채무불이행에 관한 손해배상액을 예정할 수 있다. 제2항은 손해배상의 예정액이 부당히 과다한 경우에는 법원은 적당히 감액할 수 있다. 제3항은 손해배상액의 예정은 이행의 청구나 계약의 해제에 영향을 미치지 아니한다. 제4항은 위약금의 약정은 손해배상액의 예정으로 추정한다.

관련 판례는 다음과 같다. 예정배상액을 구하기 위하여 채무내용에 좇은 이행이 없었다는 사실의 증명이 있으면 되고, 손해발생의 사실 및 실제의 손해액을 증명하여야 하는 것은 아니다(대법원 2009. 2. 26. 2007다19501판결, 대법원 2000. 12. 8. 2000다50350판결 참조). 손해배상의 예정액이 부당히 과다한 경우란 채권자와 채무자의 지위, 계약의 목적 및 내용, 손해배상액을 예정한 동기, 채무액에 대한 예정액의 비율, 예상손해액의 크기, 당시의 거래관행, 실제의 손해액 등 모든 사정을 참작하여 사회관념에 비추어 예정액의 지급이 경제적 약자의 지위에 있는 채무자에게 부당한 압박을 가하여 공정성을 잃는 결과를 초래한다고 인정되는 경우를 뜻하고, 손해배상의 예정액이 부당하게 과다한지 여부 내지 그에 대한 적당한 감액의 범위를 판단함에 있어서 법원은 구체적으로 판단을 하는 때, 즉 사실심의 변론종결시를 기준으로 하여 그 사이에 발생한 위와 같은 모든 사정을 종합적으로 고려하여야 하고 손해가 없다든가 손해액이 예정액보다 적다는 것만으로는 부족하다(대법원 1993. 1. 15. 82다36212판결, 대법원 2008. 11. 13. 2008다46906판결).

조정결과로, 피신청인은 2018. 1. 20.까지 신청인에게 100,000원을 지급한다. 신청인과 피신청인은 이 사건 신청원인과 관련하여 향후 서로에 대하여 일체의 재판상, 재판외 청구 또는 이의제기를 하지 아니한다.

(3) 원상회복의무의 불이행

임대인과 임차인은 임대차계약 당시 '임대차계약 종료시 임차인은 주택을 원상회복하여 반환한다'는 조항을 임대차계약서에 기재하였다. 그런데 임대차계약 기간 종료 후 임차인 B는 비데설치로 인하여 변기커버를 원상회복하지 아니하였고, 임의로 기존의 가스레인지를 교체한 후 원상회복하지 아니하고 주택을 반환하였는데 임대인 A는 원상회복의무의 불이행을 이유로 반환할 보증금에서 원상회복비용을 공제하고 임차인B에게 보증금을 반환하였다.

신청인(임차인) 의견은 비데설치나 가스레인지 교체는 임대차 목적물에 가치를 증대시키는 것이므로 원상회복의무가 없다는 의견이다. 피신청인(임대인) 의견은 임대차계약서상에 원상회복의무가 명시되어 있으므로 임대차 목적물의 가치를 증대시켰는지 여부와 관련없이 여전히 임차인은 원상회복의무를 부담한다는 것이다.

쟁점은 B는 위 계약조항을 근거로 원상회복의무를 부담하는지 여부이다.

관련 규정은 다음과 같다. 제654조(준용규정) 제610조 제1항, 제615조 내지 제617조의 규정은 임대차에 이를 준용한다. 제615조(차주의 원상회복의무와 철거권) 차주가 차용물을 반환하는 때에는 이를 원상에 회복하여야 한다. 이에 부속시킨 물건은 철거할 수 있다.

관련 판례는 다음과 같다. 임대차 종료시 임차인의 원상회복의무 지체로 인하여 임대인이 입은 손해는 이행지체일로부터 임대인이 실제로 원상회복을 완료한 날까지의 임대료 상당액이 아니라 임대인 스스로 원상회복을 할 수 있었던 기간까지의 임대료 상당액이다(대법원 1999. 12. 21. 선고 97다15104 판결 참조).

조정 결과로, 임대인 A와 임차인 B는, 이 사건 임대차 목적물의 원상회복(변기커버 설치비용 및 가스레인지 철거비용)과 관련하여 신청인이 피신청인에게 지급할 손해배상금은 29,520원임을 상호 확인한다.

임차인 B가 원상회복의무가 없다고 주장하는 것은 임대차계약서 조항이나 민법의 규정에 비추어 부당한 점을 충분히 설명하여 임차인 B는 원상회복의무 자체는 자신이 부담함을 인정하였고, 임대인 A는 원상회복비용으로 100,000원 정도를 주장하였으나 원상회복의무의 내용에 비추어 과다하므로 이에 대한 임대인 A의 양보를 이끌어 내어 원상회복의무 불이행에 따른 손해배상금은 29,520원으로 하기로 하는 내용의 합의가 성립되어 분쟁이 종결되었다.

(4) 임대인의 수선의무 불이행으로 인한 계약해지 및 손해배상의 범위

임차인은 임차주택에 입주한지 얼마 되지 않아 누수가 발생하여 임대인에게 수선을 요구하였으나 임대인이 별다른 조치를 취해주지 않자 임대차계약을 해지하고 보증금 반환 및 손해배상을 청구하였다. 신청인(임차인) 의견은 임차주택의 하자로 인해 누수가 발생하였고 그로 인해 임차인은 더 이상 거주가 불가능하므로 임대차계약을 해지하고 보증금반환을 원하며 그 외에도 누수로 인한 옷, 신발 등의 세탁비와 이사비용, 중개수수료 등을 손해배상으로 청구하는 것이고, 피신청인(임대인) 의견은 임대인은 임차주택에 누수가 발생한 것이 아니고 건물이 완공된 지 얼마 되지 않아 시멘트가 아직 마르지 않아 습기로 인해 결로가 발생한 것이라고 하면서 임차인에게 제습기를 제공하였고 환기를 잘 시키면 해결될 것이라고 하면서 임차인이 원하면 계약을 해지하고 보증금을 반환해 줄 수 있으나 손해배상은 인정할 수 없다는 것이다. 쟁점은 임대인에게 임차주택의 하자로 인한 손해배상책임이 인정되는지 여부이다.

관련 규정은 다음과 같다. 민법 제390조(채무불이행과 손해배상) 채무자가 채무의 내용에 좇은 이행을 하지 아니한 때에는 채권자는 손해배상을 청구할 수 있다. 그러나 채무자의 고의나 과실없이 이행할 수 없게 된 때에는 그러하지 아니하다. 민법 제580조(매도인의 하자담보책임) 제1항은 매매의 목적물에 하자가 있는 때에는 제575조 제1항의 규정을 준용한다. 그러나 매수인이 하자 있는 것을 알았거나 과실로 인하여 알지 못한 때에는 그러하지 아니하다. 민법 제575조(제한물권있는 경우와 매도인의 담보책임) 제1항은 매매의 목적물이 지상권, 지역권, 전세권, 질권 또는 유치권의 목적이 된 경우에 매수인이 이를 알지 못한 때에는 이로 인하여 계약의 목적을 달성할 수 없는 경우에 한하여 매수인은 계약을 해제할 수 있다. 기타의 경우에는 손해배상만을 청구할 수 있다.

관련 판례는 다음과 같다. 임대차는 유상계약으로서 매도인의 담보책임에 관한 규정이 준용되므로, 임대차 계약의 성립당시 이미 목적물에 하자가 있었고 임차인이 이를 과실 없이 알지 못한 경우, 임대인은 수선의무를 부담하는지 여부와는 별개로 민법 제580조 제1항, 제575조 제1항에 따른 하자담보책임을 지고, 그에 따라 임차인은 임대인을 상대로 손해배상을 청구할 수 있고, 나아가 목적물의 하자로 인하여 임대차의 목적을 달성할 수 없는 경우에는 임대차계약을 해제 또는 해지할 수 있다(서울 중앙지법 2014. 6. 20. 선고 2014나13609판결).

조정결과로, 신청인과 피신청인은, 당사자 간 2017. 12. 23.자 대전 ○○구 ○○동 ○○(도로명 주소: 대전 ○○구 ○○번길 ○○) ○○호에 대한 임대차계약에 관하여 2018. 1. 18. 종료되었음을 확인한다. 신청인과 피신청인은, 제1항 기재 계약과 관련하여 당사자 사이에 어떠한 채권·채무도 없음을 확인한다. 신청인과 피신청인은, 이 사건 신청원인과 관련하여 향후 서로에 대하여 일체의 재판상, 재판 외 청구 또는 이의제기를 하지 아니한다.

현장 조사 및 사건 검토 결과, 임차주택의 하자가 수선 불가능한 것이 아니고 임대인도 수선해 줄 의사가 있어 임차인에게 계약해지권이 발생하였다고 볼 수는 없었고 임차인이 청구하는 손해배상도 인정될 여지가 적었으나, 임대인도 임차인과의 임대차계약을 해지하고자 하였고 임차인과의 분쟁을 원만히 해결하기 위해 상호 양보하여 임차인이 주장하는 손해배상금의 일부를 지급하였다.

(5) 임차인이 부담하는 원상회복의무

임차인과 임대인은 임대차계약을 해지하기로 합의하고, 임차인은 임대인에게 주택을 인도하였다. 임대인은 마루, 바닥, 벽지, 화장실 등의 원상회복비용, 다른 임차인과의 계약파기에 따른 위약금 및 공실로 인한 대출이자 납입금 상당의 손해배상을 주장하며, 임차인에게 임대차보증금 중 ○○○원을 반환하지 않았다.

신청인(임차인) 의견은 신청인 주장 하자 중 일부분은 이미 수리를 완료하였고, 나머지 부분은 목적물 하자의 정도가 심하지 않으며, 신청인 주장 액수는 과다하다는 것이고, 피신청인(임대인) 의견은 신청인에게 원상회복의무가 있으므로 신청인이 원상회복비용 전액을 부담해야 하고, 신청인의 원상회복의무 불이행으로 인해 발생한 손해 역시 신청인이 전액 부담해야 한다는 것이다.

쟁점은 A는 원상회복비용을 부담하여야 하는지 여부이다.

관련 규정은 다음과 같다. 민법 제654조(준용규정) 제610조 제1항, 제615조 내지 제617조의 규정은 임대차에 이를 준용한다. 제615조(차주의 원상회복의무와 철거권) 차주가 차용물을 반환하는 때에는 이를 원상에 회복하여야 한다. 이에 부속시킨 물건은 철거할 수 있다. 민법 제390조(채무불이행과 손해배상) 채무자가 채무의 내용에 좇은 이행을 하지 아니한 때에는 채권자는 손해배상을 청구할 수 있다. 그러나 채무자의 고의나 과실없이 이행할 수 없게 된 때에는 그러하지 아니하다. 민법 제393조(손해배상의 범위) 제1항은 채무불이행으로 인한 손해배상은 통상의 손해를 그 한도로 한다. 제2항은 특별한 사정으로 인한 손해는 채무자가 그 사정을 알았거나 알 수 있었을 때에 한하여 배상의 책임이 있다.

관련 판례는 다음과 같다. 임차인은 임대차계약이 종료한 경우에는 임차목적물을 원상에 회복하여 임대인에게 반환할 의무가 있는데, 원상으로 회복한다고 함은 사회통념상 통상적인 방법으로 사용·수익을 하여 그렇게 될 것인 상태라면 사용을 개시할 당시의 상태보다 나빠지더라도 그대로 반환하면 무방하다는 것으로, 임차인이 통상적인 사용을 한 후에 생기는 임차목적물의 상태 악화나 가치의 감소를 의미하는 통상의 손모(損耗)에 관하여는 임차인의 귀책사유가 없으므로 그 원상회복비용은 채권법의 일반원칙에 비추어 특약이 없는 한 임대인이 부담한다고 해야 한다. 즉, 임대차계약은 임차인에 의한 임차목적물의 사용과 그 대가로서 임료의 지급을 내용으로 하는 것이고, 임차목적물의 손모의 발생은 임대차라고 하는 계약의 본질상 당연하게 예정되어 있다. 이와 같은 이유로 건물의 임대차에서는 임차인이 사회통념상 통상적으로 사용한 경우에 생기는 임차목적물의 상태가 나빠지거나 또는 가치 감소를 의미하는 통상적인 손모에 관한 투하자본의 감가는 일반적으로 임대인이 감가상각비나 수선비 등의 필요경비 상당을 임료에 포함시켜 이를 지급받음으로써 회수하고 있다.

따라서 건물의 임차인에게 건물임대차에서 생기는 통상의 손모에 관해 원상회복의무를 부담시키는 것은 임차인에게 예상하지 않은 특별한 부담을 지우는 것이 되므로 임차인에게 그와 같은 원상회복의무를 부담시키기 위해서는 적어도 임차인이 원상회복을 위해 그 보수비용을 부담하게 되는 손모의 범위가 임대차계약서의 조항 자체에서 구체적으로 명시되어 있거나 그렇지 아니하고 임대차계약서에서 분명하지 않은 경우에는 임대인이 말로써 임차인에게 설명하여 임차인이 그 취지를 분명하게 인식하고 그것을 합의의 내용으로 하였다고 인정되는 등 그와 같은 취지의 특약이 명확하게 합의되어 있어야 할 필요가 있다고 해석함이 상당하다(서울중앙지방법원 2007. 5. 31. 선고 2005가합 10027 판결).

조정결과로, 피신청인은 2017.○. ○○.신청인에게 ○○○원을 지급한다. 신청인과 피신청인은 주택임대차보호법 제26조 제4항에 따라, 제1항에 기재한 사항은 강제 집행할 수 있음을 상호 승낙한다.

(6) 임대인의 수선의무 불이행으로 인한 손해배상의 범위

임차인은 임차 목적물에서 거주하던 중, 장마철 누수 문제가 지속적으로 발생하자 임대인에게 수리를 요청하였다. 임대인은 위 요구를 일관되게 무시하였고, 임차인이 법적인 절차를 밟겠다고 이야기하자 그제야 대화에 임하였다. 신청인(임차인) 의견은 임대인은 누수 문제를 해결해주지 않음으로써 임차인에게 발생한 손해를 배상해야 한다는 것이고(금전적 손해 7,400,000원 + 정신적 손해 2,600,000원 = 총 10,000,000원), 피신청인(임대인) 의견은 임차인이 주장하는 손해배상액은 과다하므로 그 전액을 지급할 수 없다는 것이다. 쟁점은 임대차 목적물의 누수 문제로 인한 손해배상의 범위이다.

관련 규정은 다음과 같다. 민법 제623조(임대인의 의무) 임대인은 목적물을 임차인에게 인도하고 계약존속 중 그 사용, 수익에 필요한 상태를 유지하게 할 의무를 부담한다. 민법 제390조(채무불이행과 손해배상) 채무자가 채무의 내용에 좇은 이행을 하지 아니한 때에는 채권자는 손해배상을 청구할 수 있다. 그러나 채무자의 고의나 과실 없이 이행할 수 없게 된 때에는 그러하지 아니하다.

관련 판례는 다음과 같다. 임대차계약에 있어서 임대인은 목적물을 계약존속 중 그 사용·수익에 필요한 상태를 유지하게 할 의무를 부담하는 것이므로, 목적물에 파손 또는 장해가 생긴 경우 그것이 임차인이 별 비용을 들이지 아니하고도 손쉽게 고칠 수 있을 정도의 사소한 것이어서 임차인의 사용·수익을 방해할 정도의 것이 아니라면 임대인은 수선의무를 부담하지 않지만, 그

것을 수선하지 아니하면 임차인이 계약에 의하여 정해진 목적에 따라 사용·수익할 수 없는 상태로 될 정도의 것이라면 임대인은 그 수선의무를 부담한다. (중략) 위 사실관계를 앞서 본 법리에 비추어 보면, 이 사건 건물에는 그 구조상 바닥 밑 단열과 방습조치가 되어 있지 아니한 하자가 있고 이로 인하여 여름형 결로현상이 발생할 수밖에 없고, 피고가 이 사건 임대차계약의 체결 당시부터 원고가 이 사건 건물 1층을 가구를 전시·판매하는 전시장으로 임차한 것을 알고 있었으므로 피고는 원고에게 그 사용·수익을 할 수 있는 상태를 유지하여 줄 책임이 있으며, 원고가 임대차계약 후 여러 차례에 걸쳐 이 사건 건물 1층 바닥에 발생하는 습기 문제를 해결해 줄 것을 요구하였으므로, 피고로서는 이 사건 건물 1층 바닥에 나타난 습기 발생의 원인이 무엇인지 조사하고 이를 제거하기 위하여 제습기 또는 공조시설 등을 설치하여 주거나, 바닥의 물기가 심하여 바닥공사를 하여야 하는 상황이라면 가구들을 모두 옮기게 한 후 공사를 하여 주는 등의 조치를 취했어야 하였다(대법원 2012. 6. 14. 선고 2010다89876 판결 참조).

일반적으로 계약상 채무불이행으로 인하여 재산적 손해가 발생한 경우, 그로 인하여 계약 당사자가 받은 정신적인 고통은 재산적 손해에 대한 배상이 이루어짐으로써 회복된다고 보아야 할 것이므로, 재산적 손해의 배상만으로는 회복될 수 없는 정신적 고통을 입었다는 특별한 사정이 있고, 상대방이 이와 같은 사정을 알았거나 알 수 있었을 경우에 한하여 정신적 고통에 대한 위자료를 인정할 수 있다.

그리고 재산적 손해의 발생이 인정되는데도 입증곤란 등의 이유로 그 손해액의 확정이 불가능하여 그 배상을 받을 수 없는 경우에 이러한 사정을 위자료의 증액사유로 참작할 수는 있다고 할 것이나, 이러한 위자료의 보완적 기능은 재산적 손해의 발생이 인정되는데도 손해액의 확정이 불가능하여 그 손해 전보를 받을 수 없게 됨으로써 피해회복이 충분히 이루어지지 않는 경우에 이를 참작하여 위자료액을 증액함으로써 손해 전보의 불균형을 어느 정도

보완하고자 하는 것이므로, 이 사건과 같이 그 재산적 손해액의 주장·입증 및 분류·확정이 가능한 계약상 채무불이행으로 인한 손해를 심리·확정함에 있어서까지 함부로 그 보완적 기능을 확장하여 편의한 방법으로 위자료의 명목 아래 다수의 계약 당사자들에 대하여 획일적으로 일정 금액의 지급을 명함으로써 사실상 재산적 손해의 전보를 꾀하는 것과 같은 일은 허용될 수 없다(대법원 2004. 11. 12. 2002다53865 판결 참조).

조정결과로, 피신청인은 2017. 11. 23.까지 신청인에게 금 5,000,000원을 지급한다. 신청인은 나머지 신청을 포기한다. 조정비용은 각자 부담한다. 피신청인은 주택임대차보호법 제26조 제4항에 따라서 위 제1항에 기재한 사항은 강제집행할 수 있음을 승낙한다.

피신청인 또한 자신이 수선의무를 게을리하였으며 그로 인하여 신청인에게 손해가 발생하였음은 인정하면서도 다만 신청인이 요구하는 손해배상액이 과다하다는 입장이었으므로, 결국 적정한 손해배상 범위가 문제되었다. 조사결과 신청인은 누수로 인하여 5,000,000원 상당의 재산적인 손해를 입은 것으로 확인되었다.

또한, 정신적 손해의 경우 "재산적 손해의 배상만으로는 회복될 수 없는 정신적 고통을 입었다는 특별한 사정이 있고, 상대방이 이와 같은 사정을 알았거나 알 수 있었을 경우에 한하여 정신적 고통에 대한 위자료를 인정할 수 있다"(대법원 2004. 11. 12. 2002다53865 판결)는 위 판례 법리에 따라 검토한 결과, 이를 인정할 만한 특별한 사정은 없는 것으로 확인되었다. 이에 피신청인이 수선의무 불이행으로 인한 손해배상으로서 5,000,000원을 신청인에게 지급하는 것으로 조정이 성립하였다.

학습내용정리 Summary

예시문제 Exercise

01 공동주택의 부대시설인 주차장을 입주자등외의 일반인에게 전면 개방하고 주차요금을 받는 것이 가능한 여부에 대해서 논하시오.

02 승강기를 사용하지 않는 1, 2층 가구에 승강기 관련비용을 부과가 가능한지에 대해서 논하시오.

03 시설공사별 하자담보책임기간에 대해서 설명하시오.

04 임대인은 임차인에게 임차기간 만료시까지 20일이 남지 않은 상황에서 채권적 전세계약을 월차임 지급의 임대차계약으로 변경하지 아니하면 채권적 전세계약을 갱신하지 아니한다는 내용의 문자를 보냈으나 임차인은 채권적 전세계약이 묵시적 갱신되었음을 주장하는 상황에서 임대인이 전세보증금의 증액을 주장할 수 있는지 논하시오.

05 임차인과 임대인은 임대차계약 당시 '관리비와 제반된 공과금은 임차인이 부담한다'는 특약사항을 임대차계약서에 기재함. 임차인은 2006. 2.부터 2018. 1.까지 임차목적물에 거주하였고, 장기수선충당금으로 49만원을 납부하였다. 임차인은 임대차계약을 해지하고 주택을 명도한 후 임대인에게 장기수선충당금 반환을 청구하였다. 이 때 임대인은 관리비와 제반된 공과금은 임차인이 부담하기로 약정하였는바, 이 사항을 근거로 장기수선충당금을 반환하지 않겠다고 주장하는 것이 타당한지 논하시오.

부동산관리 윤리의
개선방안

01

윤리기준의
규율측면 강화

현행 관계법령은 윤리에 관한 최소한의 규범만을 정하고 있어 실제 관련 단체에서 규정하고 있는 윤리규정은 추상적이고 선언적 의미의 윤리기준에 있는 상황이다. 관련 단체의 윤리기준을 관계법령에 맞춰 윤리강령으로서의 실질적 의미의 윤리규정이 될 수 있도록 하여, 실무적으로 부동산관리업에 종사하는 사람에게 적용되고, 그에 따른 결과의 측정과 피드백이 가능하도록 위반에 따른 제재 규정도 함께 규정이 되어 행동 규율이 되도록 해야 할 것이다.

국내에는 주택법에 의해 공동주택의 관리에 대한 법규 외에 비주거 및 상업용 부동산관리에 대한 명확한 관련법규가 정해져 있지 않다. 이에 따라 자본적인 면이나, 관리 및 기술적으로 전문화되어 있지 않은 부동산관리업체 설립과 운영이 가능하여, 국내 부동산자산관리분야에 질적인 향상을 저해하고 있다.

따라서, 해당직종과 관련된 명확한 자격요건과 이를 운영하기 위한 부동산관리회사의 설립요건 및 운영을 규정하는 법규를 마련하는 방향으로의 개선이 필요하다. 즉 윤리기준의 모호성에 따른 구체적인 기준 제시가 선행적으로 필요하다. 이는 전문직업인으로서 부동산관리업자의 윤리수준을 제고하기 어려운 이유가 된다. 관련 단체의 윤리규정은 기본윤리와 업무윤리를 구분하여, 기본윤리는 윤리의 중요성을 강조하고, 업무윤리는 부동산관리업자가 실무상

업무시 발생될 수 있는 구체적인 업무와 연계한 윤리규정을 제시하여 상당부분 윤리 문제의 추상성을 해결해야 할 것이다.

실제 업무를 수행함에 있어 어떠한 행위가 비윤리적인지를 판단하는 기준이 미비하다. 이로 인해 관리업무를 수행하는 자신도 모르는 사이에 비윤리적인 행위를 저지르게 되고, 동일한 행위를 반복하게 된다. 따라서 이를 분쟁사례 등을 통하여 유형화할 필요가 있다. 예를 들어 업무행위, 업무관리, 업무비밀준수 등으로 나누고 이를 다시 구체적인 세부항목으로 나누어, 어떠한 행위가 비윤리적인 행위에 해당하는지를 구체적으로 명시할 필요가 있다. 이를 통하여 윤리기준에 대한 해설이나 사례연구를 제시할 수 있을 것이다. 특히 부동산 관리 전문가로서의 업무에 대한 전문성, 성실성, 적절성, 합리성 등을 감안한 윤리기준을 마련할 필요성이 있다.

또한, 윤리위반에 대한 사전적인 예방이 중요하다. 그러나 그 예방에 대한 규정을 두고 있지 않다. 부동산 관리업자가 거의 관리업무를 수행하는 과정에 내·외부의 감독이나 통제가 없이 불성실한 관리업무 수행이나 수행결과에 대한 피드백이 없이 업무가 마무리 되는 경우에는 부동산관리업자의 신뢰를 저하시키는 경우가 종종 발생할 수가 있다. 업무진행시 감독이나 통제 등을 하는 윤리적 기준 제시가 필요하다.

첫째, 일반대중에게 업무의 공정성을 보여 주어야 한다. 관리업무 수행시 금전적인 이익이나 이권을 가져서는 안 된다. 특정한 목적 또는 특정인 등을 위해서 부동산 관리업을 해서는 안 될 것이다. 객관적인 분석과 사실자료 등에 근거하여 업을 영위해야 할 것이다.

둘째, 의뢰인에 대해 부동산 관리를 수행할만한 전문성, 성실성 등을 보여 주어야 한다. 자신의 능력이 허용하는 범위 내에서 업무를 맡아야 한다. 수락한 업무는 계약금액과 기간에 관계없이 성실히 임해야 할 것이다. 예를 들어, 의뢰인에 대한 신의성실 의무, 보수, 업무수임 등이 포함될 수 있을 것이다.

셋째, 다른 부동산관리업자와 경쟁관계에 있는 동시에 협력관계에 있다.

부당 또는 과잉경쟁대신에 전문가적인 선의경쟁을 하되, 업무의 성질상 협력을 해야 할 경우에는 동업자 정신으로 협력을 해야 한다. 시장자료, 관리대상 부동산 자료 등을 공유하고, 상호간 협력과 업계발전을 위한 행동강령 마련의 필요가 있다. 예를 들어, 불공정경쟁 금지, 협력 의무, 정보 공유 등이 포함될 수 있을 것이다.

02
부동산관리 단체의
활동 강화

　부동산관리업과 관련하여 해외의 경우, 부동산관리업을 주된 사업의 영역으로 하고 있는 기업과 종사자들이 전문적인 단체를 구성하여 활동하고 있다. 이러한 단체들은 정기적으로 부동산관리업에 대한 관련 사항 및 업계변화에 대한 내용을 협의하고, 이에 대한 사항을 결정하여, 전달하고, 해당내용에 대한 교육이 필요한 대상들에게 교육 진행하는 등의 다양한 활동을 진행하고 있다. 그러나 국내 부동산관리업과 관련하여 전문적인 단체들의 활동이 미비하여, 해당업계의 다양한 통계적 수치 등의 정보 부재, 업계의 다양한 의견 수렴 및 문제발생시 이에 대한 조율 등에 어려움을 겪고 있다.

　미국의 공신력 있는 부동산관리협회(IREM)처럼 국내에도 부동산 관리회사 및 전문가들 간 상호협력을 위한 전국적인 규모의 업계 대표성을 인정받는 단체가 필요하다. 이러한 부동산관리단체를 통해 부동산자산관리와 관련된 법적, 제도적 문제점에 대한 건의 및 제안, 업체 간의 불공정 거래행위 및 과잉경쟁의 예방, 관리 및 제재 등을 실시하여 부동산관리업 발전의 토대를 구축할 수 있을 것이다.

　부동산관리업의 정체성 확립과 신뢰성 및 위상제고를 위해서도 법정 전문단체가 설립되어 회원의 관리와 자질향상을 도모하여 관리업의 전문화를 이끌어 나가야 할 것이다.

또한, 부동산관리 단체를 통한 윤리규정이 지속적으로 발전, 적용될 수 있도록 시험제도 및 교육과정(재교육, 전문가 인증교육 등) 변화, 신설을 통해 부동산관리업의 전문성, 신뢰성 제고의 토대가 필요하다. 이를 위해서 필요교육 이수, 실무 및 검정을 통합하어 신발하는 자격제도에 대한 재검토가 선행되어야 할 것이다.

자격기본법 제2조에는 "자격이란 직무수행에 필요한 지식·기술·소양 등의 습득정도가 일정한 기준과 절차에 따라 평가 또는 인정된 것을 말한다"라고 정의되어 있다. 기능별로는 업무 독점형 자격인 면허(license)와 능력 인정형 자격인 인증(certificate)이 있다. 면허는 자격이 없으면 해당 업무에 종사할 수 없는 자격이다. 반면에 인증은 일정한 기능과 지식을 소유하고 있음을 나타내는 것으로서 인증 없이도 업무종사가 가능하다.

우리나라 자격제도는 교육자격과 직업자격이 이원화된 자격체계이며, 교육자격이 자격의 범주에 포함되지 못하는 것은 우리나라의 특이한 현상이다. 우리나라에서의 자격체계는 국가자격과 민간자격으로 나뉘고, 국가자격은 주로 산업과 관련이 있는 기술, 기능 및 서비스분야 자격인 국가기술자격과 주로 전문서비스 분야(의료, 법률 등)의 자격으로 개별 부처의 필요성에 의해 신설, 운영되며 대부분 면허적 성격을 지니고 있는 국가자격으로 구분된다. 민간자격은 순수민간자격과 국가공인민간자격으로 나눌 수 있다.

자격은 오직 국가기술자격법에 의한 자격과 개별법령에 의한 국가자격 뿐이며, 이러한 이원화는 학습자의 평생학습과 다양한 학습 결과를 평가하거나, 수평적, 수직적인 연계를 하지 못하고 있다. 국가기술자격의 대부분이 검정 또는 시험에 의한 결과로 자격을 부여한다.

1990년에 도입된 주택관리사 자격증은 전반적으로 미국 IREM의 ARM자격증과 유사한 점이 있다. 응시자가 소정의 시험을 통과하면 주택관리사보가 되고, 그 후 소정의 전문 주택관리 경험이 있으면 정식 자격증을 받게 된다. 그러나, 자격고시는 시험에 필요한 지식을 강조하게 되고, 실제로 현장에서 필요한 경험과 지식은 갖추기 어렵다. 또한 그들의 직업윤리에 대한 교육과 감독이 어려울 것이다. 법으로 어떤 식상은 수택관리사를 사용해야 한다고 규정하고, 국가가 그 자격시험을 주관하는 방식으로는 주택관리업의 효율성을 높이기보다는 자격증이 창출해내는 임의적인 가치를 추구하는 경쟁을 야기할 수밖에 없다.

또, 직업윤리의 확립은 자격증 제도가 활성화되면서 반드시 병행해서 노력하여야 할 것이다. 그렇지 않으면, 부동산 관리업이 전문화되기를 기대하기 어렵기 때문이다. 현재 주택관리사 자격요건에는 이러한 문제가 전혀 고려되어 있지 않기 때문에 이점이 보완되어야 한다.

이러한 방식이 개인의 능력을 총체적으로 확인할 수 있는지에 대한 논란은 있을 수 있지만, 우선적으로 새로운 자격화 방법의 도입 및 변화가 필요한 시점이라고 판단된다. 미국의 CPM처럼 협회의 교육 이수, 시험, 실무경력 등을 종합하여 자격증을 발급하는 형태가 좋은 사례가 될 것이다.

또한 자격을 취득하면 영원히 유효하기 보다는 자격취득 이후의 사회변화에 대응하기 위해서 재교육, 전문가 인증교육이 필요한 바, 부동산 관리업을 영위하기 위해서 등록제를 마련하여 알정기간마다 관련 교육을 이수하고 등록증을 갱신하도록 하여야 할 것이다.

관련 단체가 이러한 일을 수행하기 위해서는 무엇보다도 미국의 여러 부동산자산관리협회의 윤리강령과 같은 윤리적인 제도와 이에 따른 규제를 마련할 수 있도록 정부가 제도적으로 뒷받침하여야 할 것이다.

부동산 산업의 변화에 대한 대응으로 부동산 관련 기본교육과 평생교육(연수) 시스템을 위한 장기계획이 필요하다. 인적 자본축적에 따른 수확체증의 경제로의 전환과 디지털 인재 플랫폼을 통한 독립적인 전문인력과의 협업 형태가 확대될 것이다. 장기적으로 평생 학습을 통한 재훈련 교육 시스템 강화와 인재활용을 위한 민·관·기업의 상생 협력이 필요하다. 네트워크형 부동산 산업구조의 개편으로 규모의 경제와 더불어 업종 간 상생의 길이 마련되어야 할 것이다. 기술 간 융·복합과 진보를 통한 체계화가 필요할 것이며, 부동산 산업 간 업종별 칸막이식 운영은 지속 가능이 어려운 구조이므로 산업 간 또는 산업 내 협력을 통한 성장을 도모해야 할 것이다. 상품의 개발, 생산, 판매, 중개, 관리, 유지, 리모델링 등으로 이어지는 부동산 라이프 사이클에서 근접한 가치 간의 융복합화를 도모해야 한다. 인공지능기술의 발전, 가상현실의 적용, 다른 분야의 기술 융복합화는 이러한 추세를 가속화 할 것이다.

03
운영의 효율성 등 강화

한국의 부동산관리업은 투명하고 효율적인 운영이 요구되고 있다. 이를 미국의 부동산관리업 역사에 비추어 보면, 지극히 예상할 수 있는 것들이며, 이러한 요구는 한국의 부동산관리업이 발전할 수 있는 좋은 계기가 될 것이다. 한국의 경제 발전과 부동산 업계가 급속하게 변화 발전하고 있기 때문에 부동산 관리업계도 이러한 요구에 하루 빨리 적응해서 부동산관리의 투명성과 효율성을 확보해야 한다.

부동산관리기술의 효율성을 높여야 한다. 전반적으로 부동산 관리 기법에 대한 교육은 실무자에게 평생교육의 차원에서 개발되고 보급되어야 한다. 미국에서는 IREM의 주관아래 각 주요도시에서 정기적으로 강좌를 개설하여 운영하고 있다. 아직 부동산 관리협회가 없고 기존의 주택관리사협회가 적정 수준에 이르지 못한 한국의 경우에는 대학과 같은 교육전문 기관에서 정부와 주택관리사 협회, 또 주요 기관투자자들과 협조하여 강좌를 개설하면 좋을 것이다. 이렇게 함으로써 강사진의 질을 높은 수준으로 유지할 수 있고, 강의 내용에서 충실을 기할 수 있을 것이다. 한국 부동산 시장의 정보가 가장 발달해 있는 부문은 아파트 부문이기 때문에 임대주택이나, 상업용, 오피스텔, 공업용 부동산 등 소득을 발생시키는 부동산을 선호하는 외국투자자의 눈에는 한국에서 부동산 투자에 대한 위험이 지나치게 크다고 볼 수밖에 없는 것이다. 부동산 시장 정보 인프라 구축을 위해서도 표준보고체제를 빨리 확립하고 보급하는 것은 매우 시급하다.

정부의 역할은 시장의 질서를 확립하고, 정보의 유통을 원활히 하며, 공정한 경쟁이 될 수 있도록 하는데 중점을 두어야 한다. 정부의 규제가 일부 시장 참여자에게 혜택을 줌으로써 임의적인 가치를 창조하고, 이에 따라 시장 참여자들이 그 가치를 추구하는데 자원을 사용한다면, 정부의 의도는 좋았다 할지라도 결과적으로 시장의 효율성을 낮추는 결과를 가져오게 될 가능성이 높기 때문이다. 이러한 관점에서 볼 때 주택관리사, 또한 공인중개사나 감정평가사 등의 자격증도 장기적으로는 국가가 관리하지 않고 민간 전문협회에서 관리하는 것이 가장 바람직하다고 할 수 있을 것이다. 다만 현재 효율적인 시장질서가 확립되어 있지 않은 상태에서, 민간 전문협회에서 맡겨진다면, 기득권을 가진 몇 사람이나 어떤 특정한 그룹의 이익이 강조되고 국민경제 전체의 이익이 손해를 볼 가능성이 클 수 있으므로 단기적으로는 자격증관리, 보고체계, 부동산 정보 인프라 구축 등의 사업이 우선과제가 될 것이다.

　　정보화 시대의 수많은 정보는 인터넷 등 지식공유체계를 통하여 교류되며, 관련업체간의 정보의 공유는 서비스 질과 고객의 신뢰를 향상시키는 순기능을 갖는다. 부동산 운용 및 관리 분야는 외국의 선진업체와 협력하여 선진기법을 습득하고 유용 정보를 상호 공유할 수 있도록 하여야 한다. 조속한 시기에 부동산 시장의 경기분석 지표, 임대·매매 정보, 관리 운영비 수익, 입지 등에 대한 정보를 제공하는 시스템을 구축하여 공유할 수 있도록 하여야 한다. 미국의 BOMA, IREA 등의 부동산 전문 단체에서와 같이 관련정보를 D/B화하고 표준화 시켜 적기에 제공될 수 있도록 하여야 한다.

04
부동산관리
전문자격제도 양성

　부동산 산업과 관련된 국가자격제도는 공인중개사, 감정평가사, 주택관리사 등이 있다. 이 중 가장 대중화되고 널리 알려진 자격제도는 공인중개사이다. 부동산 중개란 중개대상물에 대해 거래 당사자 간의 매매, 교환, 임대차, 기타 권리의 득실·변경에 관한 행위의 알선과 중재를 말한다. 공인중개사는 부동산 중개를 주된 업무를 하는 자를 말하며, 「공인중개사법」에 그 근거를 두고 있다. 감정평가란 토지 등의 경제적 가치를 판정하여 화폐액으로 표시하는 것을 말한다. 감정평가사는 감정평가를 주된 업무를 하는 자를 말하며, 「감정평가 및 감정평가사에 관한 법률」에 그 근거를 두고 있다. 부동산 관리와 관련된 자격제도는 주택관리사이다. 주택관리사는 대규모 공동주택의 각종 시설 및 환경을 유지·관리하는 업무를 담당하며, 부동산 관리업무의 한 영역이다.

　부동산은 크게 토지와 건물로 구분되고 따라서 부동산관리도 토지 관리와 건물 관리로 나눌 수 있다. 건물의 종류는 주거용, 상업용, 공업용 건물로 구분된다. 그런데 주거용 건물의 관리는 「주택법」에 근거를 두고 국가가 시행하는 시험에 합격한 주택관리사가 전문적으로 담당하고 있으나, 상업용 건물의 관리는 현재 관련 법률이나 국가에 의한 전문 자격제도가 존재하지 않고 있다. 이런 이유로 주거용 건물의 경우 전문적인 관리로 인해 건물의 안전과 유지·보수가 체계적으로 이루어지고 있으나 상업용 건물은 전문적인 관리가 부재한 실정이다.

　미국의 경우에는 부동산관리에 관한 자격증을 국가에서 관장하지 않고 각 전문협회가 관장하고 있는데 부동산관리협회(IREM) 등 7개 협회에서 권위 있는 공인자산관리사(CPM) 외 16가지 부동산관리 관련 자격증을 부여하고 있고, 일본도 재단법인 일본빌딩경영센터가 소정의 시험을 합격한 자에게 부여하고 있는 빌딩경영관리사와 사단법인 일본FM추진협의회 등 3개 단체가 인정하고 있으며 소정의 시험을 거쳐 통과된 자들에게 주어지는 자격증 제도가 존재한다.

　그러나 국내에서는 아직도 고가의 부동산을 관리하는 전문 인력을 위한 자격제도가 전무한 실정임에 따라 부동산 관리와 관련하여 전문적인 지식을 가지고 있지 않은 업체나 종사자들에 의해 부동산 관리가 효율적으로 이루어지지 못할 개연성이 높다고 할 수 있다.

　전문자격제도의 부재로 인하여 전문적인 지식을 가진 업계 종사자 양성이 어렵고, 국내 부동산관리 관련 단체들의 활동이 거의 이루어지지 않으므로, 부동산관리업의 합리적이고 보편적인 윤리적 기준을 마련하기 어려울 뿐만 아니라, 부동산관리업의 종사자에 대한 윤리교육이 이루어지고 있지 못하고 있다. 또한 윤리적 사항과 관련하여 분쟁 발생 시 이를 중재하거나, 해결할 수 있는 사항이나 기구에 대한 마련이 이루어지지 못하고 있다.

　일정한 규모 이상의 부동산관리는 일정자격 및 실무경험을 갖춘 전문자격자를 통해서만 관리되게 하는 제도적인 장치가 마련되어야 한다. 예를 들어, 상업용부동산관리의 국가자격제도화와 관련하여 신설법의 제정보다 건축법 내에 상업용부동산자산관리사 제도를 신설하는 정도의 건축법 개정안을 통하여, 관련 분야 전문자격제도 시행에 따른 인재양성을 강화시킬 수 있을 것이다.

　또한, 주택임대관리업 도입에 따라 관련 분야의 서비스 수요가 증가하고 있는 상황이기에 일본처럼 임대주택(경영)관리사를 신설하여 전문적인 인재양성이 필요하다. 일본에서의 임대주택관리업은 크게 중개업무(임대차대리업무)와 관리업무(계약관리업무, 운영조정업무, 청소업무, 설비관리업무)로 구성되어 있어, 중개업무가 금지되어 있는 한국과는 차이가 있다. 중요한 업무 중 하나인 계약관리업무는 임대료 등의 징수업무, 계약갱신업무, 해약업무를 의미한다.

이제 우리나라는 양적인 부동산개발의 시대에서 질적인 부동산관리의 시대로 변화해 가고 있다. 1970~2000년 사이에는 주택보급률을 높이기 위해 막대한 양의 주택공급이 이루어져 높은 경제성장을 이루었으나, 이제는 주택보급률이 100%를 넘어서면서 건설보다는 관리 분야로 트렌드가 변해가고 있다. 특히 IMF외환위기 이후 미국계 펀드자본들이 국내 테헤란로나 여의도에 소재하는 대형빌딩들을 매입하면서 자연스럽게 외국계 부동산자산관리회사도 한국에 들어오게 되면서 부동산관리업이 발전하는 계기가 되었다.

그러나 주거부문의 관리는 아직 초기 단계이며, 임대주택 부문의 관리는 아주 초보적 단계로, 겨우 2014년 2월에 주택임대관리업이 시행되었다. 신설되는 업의 발전을 위해서는 상업용부동산관리에서도 전문자격제도의 필요성에 대해서 언급하였듯이, 주택임대관리업의 신설에 따라서 우선은 기존 타자격증 소유자에게 전문자격을 인정하여 주택임대관리업 개설 자격을 주지만, 궁극적으로는 관련 전문자격제도의 도입이 필요하다.

학습내용정리 Summary

01   윤리기준의 모호성에 따른 구체적인 기준 제시가 선행적으로 필요한 상황으로, 관련 단체의 윤리규정은 기본윤리와 업무윤리를 구분하여, 기본윤리는 윤리의 중요성을 강조하고, 업무윤리는 부동산관리업자가 실무상 업무시 발생될 수 있는 구체적인 업무와 연계한 윤리규정을 제시하여 상당부분 윤리 문제의 추상성을 해결해야할 것이다.

02   부동산관리단체를 통해 부동산자산관리와 관련된 법적, 제도적 문제점에 대한 건의 및 제안, 업체 간의 불공정 거래행위 및 과잉 경쟁의 예방, 감시 및 제재 등을 통해서 부동산관리업 발전의 토대를 구축 할 수 있을 것이다. 이러한 단체를 통하여 미국의 여러 부동산자산관리협회의 윤리강령과 같은 윤리적인 제도와 이에 따른 규제를 마련할 수 있도록 정부가 제도적으로 뒷받침하여야 하고, 또한 이러한 윤리규정이 지속적으로 발전, 적용될 수 있도록 하는 교육과정(재교육, 전문가 인증교육 등)을 신설, 유지할 수 있도록 하여야 부동산관리업의 전문성, 신뢰성 제고의 토대가 될 것이다.

03   일정한 규모이상의 부동산관리는 일정자격 및 실무경험을 갖춘 전문자격을 갖춘 종사자들을 통해서만 관리되게 하는 제도적인 장치가 마련되어야 할 것이다. 예를 들어, 상업용부동산관리의 국가자격제도화 관련하여 신설법의 제정보다 건축법내에 상업용부동산자산관리사 제도를 신설하는 정도의 건축법 개정안을 통하여, 관련 분야 전문자격제도 시행에 따른 인재양성을 강화시킬 수 있을 것이다. 또한, 주택임대관리업 도입에 따라 관련 분야의 서비스 수요가 증가하고 있는 상황이기에 일본처럼 임대주택(경영)관리사를 신설하여 전문적인 인재양성이 필요하다.

04 부동산자산관리 관련 자격제도의 사후관리방법으로, 자격증은 한번 취득하면 영원히
    유효한 경우가 대부분이지만, 전문자격은 급변하는 현대사회의 변화에 맞추고 위해
    서는 재교육, 평생교육이 선행되어야 할 것이다. 이를 위해서 유효기간이 전제가 된
    등록제도를 시행하여, 일정기간마다 보수교육을 이수하고 등록증을 갱신하는 제도를
    신설하는 것이 전문직의 신뢰도, 전문성을 유지할 수 있기 때문이다.

예시문제 Exercise

01   일정한 규모이상의 부동산관리는 일정자격 및 실무경험을 갖춘 전문자격자를 통해서만 관리되게 하는 제도적인 장치가 마련되어야 한다는 주장이 있는데, 이에 대한 본인의 의견을 논하시오.

02   부동산관리업 종사자의 윤리의식을 고취하는 방안에 대해서 제언하시오.

참고문헌

김지현 · 심형석 · 정성훈 · 한동철, 『부동산자산관리』, 2015, 이프레스
방경식 · 장희순, 『공동주택관리론』, 2016, 부연사
방경식 · 장희순, 『부동산학총론』, 2016, 부연사
유선종, 『생활속의 부동산13강』, 2014, 청람
윤대혁, 『글로벌시대의 윤리경영』, 2005, 무역경영사
이창석, 『부동산관리론』, 2010, 신광문화사
이창석, 『부동산윤리』, 2010, 형설출판사
전용수 · 이창석, 『부동산자산관리론』, 2004, 형설출판사

권호근 · 이동영 · 오인종 · 이창석, 「부동산관리윤리의 이론적 접근」, 2009, 『부동산
    학보』, 제36집
경응수, 「자산관리업에 대한 REITs 도입의 영향」, 2001, 『감정평가논집』 제11집
김용남 · 민규식, 「미국부동산자산관리사장의 분석 및 시사점 연구」, 2010, 『부동산
    학보』, 제43호
김재운, 「부동산자산관리사의 국가자격 제도화에 관한 연구」, 2013, 『토지공법연
    구』 제63집
김진욱 외, 「녹색성장을 위한 건축 관련 법 · 제도정비에 관한 연구 – 지식서비스산
    업으로의 구조개편을 중심으로」, 2010, 건축도시공간연구소
유광흠 외, 「건축 관련 법제의 체계적 정비 방안 연구」, 2011, 건축도시공간연구소
윤정득 · 이창석, 「부동산환경윤리의 이론적 고찰」, 2008, 『부동산학보』 제35집
이창석, 「부동산서비스업의 기업윤리와 사회적 역할에 대한 일고」, 2008, 『부동산
    학보』, 제34집
장무창 · 이학동, 「부동산자산관리시장의 패러다임 변화와 발전을 위한 과제」, 2006,
    『부동산학연구』, 제12호
한국건설기술연구원, 「건축물 유지관리 제도개선 연구」, 2012, 국토해양부

고기연, 「국내 부동산 자산관리회사의 성장전략에 관한 연구」, 2010, 석사학위논
    문, 인하대학교

구교근,「부동산 관리의 효율성 개선방안에 관한 연구」, 2010, 명지대학교 석사학
    위논문
김재용,「부동산관리의 효율성 제고방안에 관한 연구」, 2007, 건국대학교 석사학
    위논문
윤지석,「부동산의 효율적인 관리방안에 관한 연구」, 2014, 동의대학교 석사학위
    논문
정용한,「부동산자산관리의 발전방향에 관한 연구」, 2009, 전주대학교 석사학위논문

IREM, www.irem.org
대한주택관리사협회, www.khma.org
사단법인 한국부동산자산관리협회, www.krpm.co.kr
주택임대차 분쟁조정위원회, www.hldcc.or.kr
중앙공동주택관리 분쟁조정위원회, namc.molit.go.kr
하자심사 분쟁조정위원회, www.adc.go.kr
한국빌딩경영관리협회, www.kabam.or.kr

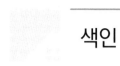

색인

케빈정/알에이케이 투자윤리연구센터

2015년 10월, 건국대학교 부동산·도시연구원 산하에 ㈜알에이케이자산운용과 그 회사의 회장인 케빈정의 기부를 받아 설립(2018년 기준 기부금 총액 5억원)

본 센터는 우리나라에서 최초로 부동산 투자와 부동산 경영 활동의 투명성을 제고하기 위해 설립된 연구기관임

본 센터는 부동산 투자운용 전문가 및 부동산산업 종사자들의 직업윤리를 고취하기 위해 지속적으로 노력하고 있음

본 센터의 연구를 바탕으로 건국대학교 부동산학과와 부동산대학원은 미래의 부동산산업 종사자와 현업 종사자들의 직업윤리 함양을 위한 활동을 연구, 교육, 지원하고 있음

• 부동산산업 윤리 과목 운영과 개발비용 및 윤리 특강 지원
• 석좌교수 및 담당 교수진 지원
• 부동산학과 교수와 부동산학과 학생(학부, 석사, 박사)의 부동산산업 윤리 관련 해외연수와 컨퍼런스 참석 지원
• 부동산산업 윤리 어젠다 확산을 위한 연구 및 출판 지원과 장학금 지원
• 기타 부동산산업 윤리 확산과 관련된 활동지원

총괄기획

건국대학교 부동산도시연구원장 이현석
케빈정/알에이케이 투자윤리연구센터장 유선종

기획운영진

케빈정/알에이케이 투자윤리연구센터 책임연구원 신은정
건국대학교 부동산학과 석사과정 정유나
건국대학교 부동산학과 석사과정 고성욱
건국대학교 부동산학과 석사과정 강민영
건국대학교 부동산학과 석사과정 음세호

집필진

한양사이버대학교 부동산학과 윤동건

부동산산업 윤리 시리즈 4
부동산자산관리의 윤리

초판발행	2020년 11월 25일
지은이	건국대 부동산·도시연구원 케빈정/알에이케이 투자윤리센터
펴낸이	안종만·안상준
편 집	전채린
기획/마케팅	노 현
표지디자인	이미연
제 작	고철민·조영환
펴낸곳	(주)박영사
	서울특별시 금천구 가산디지털2로 53, 210호(가산동, 한라시그마밸리)
	등록 1959. 3. 11. 제300-1959-1호(倫)
전 화	02)733-6771
f a x	02)736-4818
e-mail	pys@pybook.co.kr
homepage	www.pybook.co.kr
ISBN	979-11-303-0997-2 93300

copyright©건국대 부동산·도시연구원 케빈정/알에이케이 투자윤리센터, 2020, Printed in Korea

* 파본은 구입하신 곳에서 교환해 드립니다. 본서의 무단복제행위를 금합니다.
* 저자와 협의하여 인지첩부를 생략합니다.

정 가   10,000원